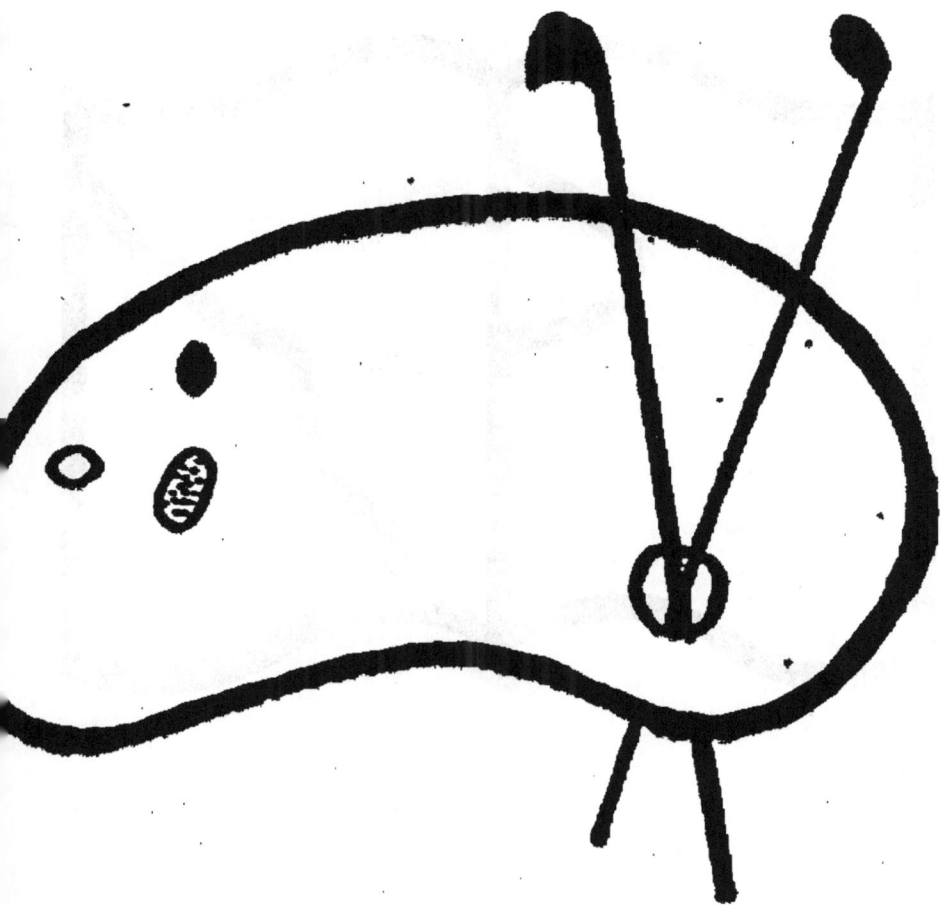

DEBUT D'UNE SERIE DE DOCUMENTS
EN COULEUR

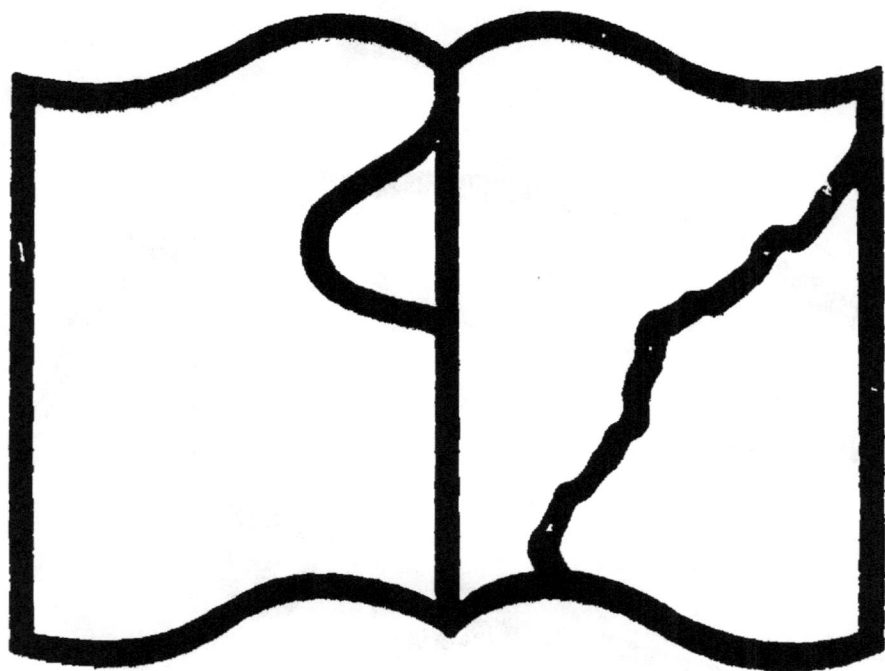

Raymond E.

LES GRANDES ÉPOQUES NORM.

LA FRONDE

EN NORMANDIE

OUVRAGE HISTORIQUE

262

DIEPPE
IMPRIMERIE DIEPPOISE
Directeur : EL. DEQUEN
191, Grande-Rue
1907

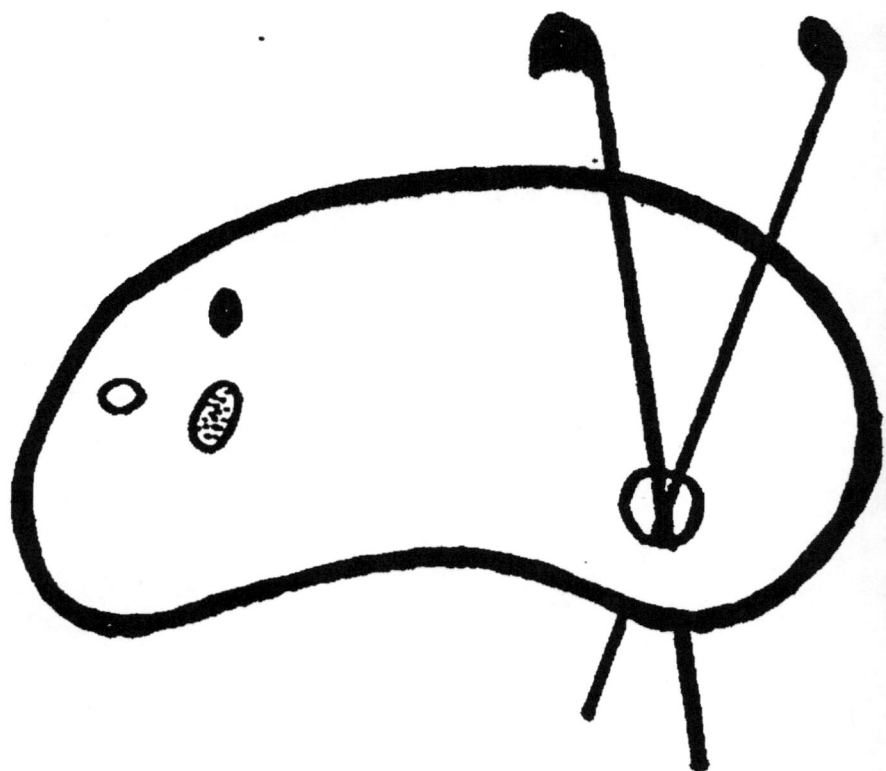

FIN D'UNE SERIE DE DOCUMENTS
EN COULEUR

LES GRANDES ÉPOQUES NORMANDES

LA FRONDE EN NORMANDIE

Raymond BAZIN

LES GRANDES ÉPOQUES NORMANDES

La Fronde

EN

Normandie

OUVRAGE HISTORIQUE

DIEPPE
IMPRIMERIE DIEPPOISE
Directeur : El. DEQUEN
191, Grande-Rue
—:—
1908

Avertissement de l'Auteur

La Fronde est une époque très intéressante de l'Histoire de France ; à cette lutte fameuse de la reine Anne d'Autriche et du cardinal Mazarin contre les Parlements et quelques princes belliqueux, de nombreuses villes normandes ont été mêlées et leurs habitants y ont joué un certain rôle, ainsi que les membres du Parlement de Normandie.

Aussi, ai-je essayé de rassembler dans l'ouvrage qui va suivre, tous les événements qui se sont succédé dans notre province, en les reliant toutefois à ceux dont Paris fut le théâtre, lors de cette époque troublée de notre histoire nationale, et je les ai groupés sous ce titre : La Fronde en Normandie

C'est en appuyant mon travail sur des documents puisés à bonne source, sur les témoignages d'écrivains du temps, sur les Mémoires qui montrent que la Normandie a joué un rôle important pendant la Fronde, que je le soumets au jugement du public.

Mon but, en écrivant cet ouvrage, a été surtout dicté par le désir de mettre en lumière, en les loca-

lisant, les faits qui ont jeté un certain éclat sur notre province.

J'ai voulu les réunir en un seul faisceau et doter ainsi ma chère Normandie d'un ouvrage historique pouvant quelque peu intéresser ses fils, et plus facile à consulter que lorsque les faits sont pour ainsi dire perdus dans un livre d'histoire générale.

Mon but est-il atteint ? C'est ce que je demande à tous ceux qui voudront bien s'intéresser à mon œuvre en lisant cet ouvrage.

Raymoud BAZIN.

La Fronde en Normandie

CHAPITRE PREMIER

Avènement de Louis XIV — La misère en Normandie — Les impôts — Retour en arrière La mort de Richelieu et celle de Louis XIII — Le Cardinal Mazarin — Le Parlement de Normandie.

Le jeune roi Louis XIV n'avait pas encore cinq ans, lorsqu'il fut appelé, le 14 Mai 1643, à succéder sur le trône de France, au roi Louis XIII, son père, sous la régence de sa mère, Anne d'Autriche.

Les guerres du règne précédent avaient coûté cher au pays dont les habitants étaient écrasés par les impôts ; dans ses *Mémoires*, Paul de Gondi, cardinal de Retz, fait un tableau peu séduisant des *« provinces abandonnées à la rapine des surintendants, abattues et assoupies sous la pesanteur de leurs maux »*.

En ce qui concernait la Normandie, dont nous allons avoir à étudier l'histoire pendant la période de *la Fronde*, Gondi disait la vérité, car cette province souffrait de la façon dont étaient perçus les impôts qu'on y prélevait sans cesse.

Les financiers acquéraient du Gouvernement, en versant au Trésor un prix convenu, les impôts dont la province était frappée, ce qu'on appelait mettre les *tailles en parti*, et ces hommes employaient alors des agents nommés par eux, qu'ils chargeaient d'en opérer le recouvrement et qui s'acquittaient de leur ingrate mission avec dureté et insolence.

La taille, d'après les plaintes des *États de Normandie* (Novembre 1643) était recueillie du côté d'Alençon, d'Orbec, de Lisieux :

« *Par des Compagnies de soldats, traînant après*
« *eux la désolation en tous lieux ; faisant au peu-*
« *ple plus de mal qu'il n'en eut reçu de troupes enne-*
« *mies. Ces soldats rançonnant à discrétion les*
« *habitants, contraints, la plupart, d'abandonner*
« *leurs demeures ; rompant, brûlant les portes des*
« *maisons, démaçonnant les granges, battant les*
« *blés, les vendant à vil prix, ainsi que les pailles à*
« *demi battues, chargées encore de partie de leur*
« *grain, brûlant les charrues et les charrettes, saisis-*
« *sant les chevaux, enlevant tous les bestiaux d'un*
« *village, qui, réunis en un seul troupeau et parqués*
« *tous ensemble, étaient ensuite vendus en détail.* »

Il nous faut faire un retour en arrière pour enchaîner à cet exposé de la situation de la France à l'avènement de Louis XIV, l'histoire de la Fronde parlementaire.

Déjà, sous le règne de Louis XIII, dont le cardinal de Richelieu, son premier Ministre, était véritablement le roi de France, des troubles avaient eu lieu en Normandie à l'occasion de la perception des impôts ; à Caen, Vire, Saint-Lô, Mortain, Avranches, Coutances, Bayeux, Pont-l'Évêque, Lisieux, dans la plupart des villes de la Basse-Normandie, la révolte des *Nu-Pieds* jetait la terreur.

Des mesures furent prises à cette époque dans les villes et les campagnes pour réprimer les mouvements populaires ; le chancelier Séguier vint en Normandie sur l'ordre du roi; partout, eurent lieu des exemples du ressentiment de Louis XIII et de son ministre contre les séditieux, dont les maisons furent brûlées ; des villages entiers furent rasés, les habitants furent condamnés à la potence, d'autres envoyés aux galères, d'autres encore punis par le fouet !

Le Parlement de Normandie, soupçonné de soutenir les révoltés, fut interdit et ses membres remplacés provisoirement par quinze conseillers du Parlement de Paris.

Pourtant en Janvier 1641, le roi rendit un édit qui rétablissait le Parlement de Normandie, mais qui le rendait *semestre*, c'est-à-dire le partageait en deux parties, désignées pour siéger alternativement pendant six mois.

Cet édit contenait des raisons telles que celles-ci :

« Avant cela, les procez estoient tellement tenus

« en longueur dans ce Parlement qu'il se passoit
« plusieurs années à la poursuite et sollicitations
« d'iceux. Les vacations de trois mois et plus, que
« prenoit ce parlement, par chacun an, divertis-
« soient grandement de la justice tant civile que
« criminelle et consommoient le temps et les biens
« de nos subjectz ».

Le roi ordonnait donc que « le Parlement de
« Rouen seroit, dorénavant, tenu et exercé par
« deux séances et ouvertures semestres, de six mois
« chacune ».

Comme les membres de l'ancien Parlement
n'étaient pas en nombre suffisant pour assurer le
service pendant les deux semestres, l'édit créait
des charges nouvelles de présidents, conseillers,
substituts, notaires, huissiers, ce qui rapportait
des sommes assez considérables au Trésor, toutes
ces charges étant vendues aux plus offrants.

Le Parlement de Normandie fut rétabli à ces
conditions humiliantes pour ses membres et
Richelieu répondit aux présidents Bretel de Gremonville et Bigot de Monville, qui venaient à
Paris pour réclamer contre ces réformes :« Quoi que
« vous puissiez faire ou proposer, le semestre aura
« lieu. »

On notifia également au Parlement de Paris en
un lit de justice (février 1641) une déclaration où
il était exposé que « les Parlements n'ayant été
« établis que pour rendre la justice, il leur étoit
« fait défense expresse de prendre connoissance

« d'aucunes des affaires qui peuvent concerner
« l'Etat, administration, gouvernement d'iceluy,
« que le roy réservoit à sa personne et à celle des
« roys ses successeurs ».

L'inamovibilité des offices étant supprimée par
cet édit, Louis XIII déclarait que « la création,
« la substitution et la suppression des charges ne
« dépendoient que de luy seul, estoient un effet de
« sa puissance ».

Ce fut un coup terrible porté au prestige des
Parlements de France ; pourtant, celui de Rouen
protestait encore et malgré les derniers efforts
des députés, l'édit fut enregistré « du très exprès
commandement du roy ».

L'édit de création du semestre avait détaché le
Comté d'Eu de la juridiction du Parlement de
Paris disant que « quant à la juridiction, le Comté
d'Eu ressortiroit dorénavant au Parlement de Normandie » ; mais le Parlement de Paris protesta à
son tour et les seize commissaires parisiens ayant
fait une réserve au sujet de cette clause, obtinrent
de la faire rapporter par le roi.

Richelieu mourut le 3 décembre 1642, sans avoir
rien changé à l'état du Parlement de Normandie
qui réclamait avec persistance la révocation du
semestre et bientôt les anciens conseillers, étant
rentrés en fonctions, travaillèrent à faire réduire
le plus possible les charges créées par l'Edit de
janvier 1641.

Une querelle éclata bientôt entre les anciens

conseillers et les nouveaux et il y eut dans Rouen des batailles suscitées par leur rivalité ; des scènes scandaleuses se passèrent au Palais le 4 Mai 1643, entre les conseillers qui se menacèrent, s'injurièrent et se livrèrent entre eux à des voies de fait.

Peu de jours après, la mort de Louis XIII ajourna pour une nouvelle période, diverses réformes réclamées par les anciens conseillers et principalement le rétablissement, en son ancienne forme, du Parlement de Normandie.

La création du *semestre* avait donc été une source de troubles dans toute la province, sous le règne qui venait de finir ; elle devait êt e, sous la minorité de Louis XIV, la cause de faits beaucoup plus graves encore.

Les scènes qui s'étaient déroulées dans Rouen et avaient eu leur répercussion jusqu'au sein du Parlement de Normandie, avaient excité l'indignation de la Cour ; Louis XIII mourant, ordonna l'interdiction de six des conseillers qui s'étaient le plus signalés au moment de ces troubles ; ces magistrats, assignés ensuite à Paris, devant le *Conseil*, réussirent à se faire écouter et furent réintégrés dans l'exercice de leurs fonctions.

Les présidents de Grémonville et de Criqueville recommencèrent alors leurs négociations pour la révocation du semestre, ce qui amena une nouvelle querelle entre les anciens et les nouveaux conseillers.

Le cardinal Mazarin, qui succédait à Richelieu

comme premier ministre, reçut les doléances des magistrats normands dont l'innocence était évidente; aussi, répondit-il au président Fardoil, qui soutenait la cause des nouveaux conseillers, en répétant que « *le semestre estoit l'ouvrage de feu le cardinal de Richelieu* » et croyait par ce moyen triompher de Mazarin : Je ne considère, répondit ce dernier, ce qui a esté faict par feu Monsieur le cardinal, qu'autant que cela convient aux intérest de sa Majesté.

Henri II, duc de Longueville, gouverneur de Normandie, soutenait aussi le parti des anciens dont la voix prévalut bientôt ; le semestre fut supprimé par l'édit du 17 Octobre 1643, et on donna pour justifier cette mesure, autant de bonnes raisons que Richelieu en avait trouvé pour établir le semestre.

Le duc de Longueville apportant à Rouen cet édit, fut reçu par les anciens conseillers avec des démonstrations de la joie la plus vive.

Comme il fallait le prévoir, la Cour fut bientôt harcelée par les réclamations des nouveaux conseillers qui s'étaient joints aux traitants, lesquels escomptaient sur les besoins d'argent du Gouvernement; la Cour rétablit le semestre en septembre 1645.

Les anciens conseillers protestèrent avec indignation contre cette nouvelle mesure, mais ils furent obligés de s'incliner et sept nouveaux offices de conseillers furent créés, avec l'approbation du duc de Longueville, qui, par l'irrésolution de son caractère, mécontenta les anciens après avoir fait aboutir en leur faveur les réclamations précédentes.

Aussi, en 1647, le Parlement de Normandie, mécontent des édits royaux et le peuple écrasé par les impôts, accueillirent-ils avec une froideur marquée le voyage du jeune roi et de la reine régente dans leur province.

Dans les Mémoires de Madame de Motteville, on peut lire ce qui suit :

« La reine vint à Dieppe dans le dessein d'aller
« à Rouen ; mais notre province fut si insensible
« à l'honneur que le roi lui faisait, et particulière-
« ment la ville de Rouen, qu'elle évita, avec tout
« le soin possible, de la recevoir. La reine, de son
« côté, fit semblant d'appréhender les tracas et
« l'importunité de cette visite et des harangues
« qu'il aurait fallu entendre ; elle résolut donc de
« s'en retourner par Gournay, Gisors et Pontoise ».

Les registres de l'Hôtel-de-Ville de Rouen, 5 août 1647, portent que la reine régente Anne d'Autriche, vexée des dispositions peu enthousiastes de la province normande, avait dit « qu'elle n'y venoit point pour gauler les pommes de Normandie ».

Pourtant, le Parlement et les échevins se rendirent à Dieppe, afin de saluer le roi et la régente et les engager à venir à Rouen. Cette réception fut attristée par la mort subite du premier président de Faucon de Frainville. Mazarin reçut également les hommages des échevins rouennais.

Au cours de la tenue de leurs semestres, les anciens continuèrent à protester contre le rétablissement de cette mesure et le duc de Longueville qui avait tenté de reconquérir les magistrats précédemment abandonnés par lui, faillit se les aliéner tout à fait, en essayant de leur faire donner des avantages insignifiants, qui soulevèrent de nouvelles récriminations.

A la fin de l'année 1647, Louis XIV étant tombé dangereusement malade, la régente s'était quelque peu retournée du côté du Parlement de Paris, qui pouvait au besoin appuyer son autorité ; mais, lorsque le roi se trouva hors de danger, on tint au palais un lit de justice où furent enregistrés de nouveaux édits fiscaux destinés à combler les vides du trésor.

Le Parlement protesta très haut et parla de la misère du peuple et de ses souffrances ; il fit tant de bruit, remua si bien l'opinion populaire que, d'après les *Mémoires de la duchesse de Nemours* « le peuple en venant jusqu'à l'adoration pour lui, « se montra prêt à tout faire pour soutenir ses « magistrats, devenus pour lui des défenseurs et « des pères ».

Le peuple prit fait et cause pour le Parlement ; la capitale et plusieurs provinces se révoltèrent contre l'autorité de la Cour ; la Fronde allait commencer.

CHAPITRE II

~~~~~~~~~~

Commencement de la Fronde parlementaire —
Le Parlement de Normandie demande des
réformes — Troubles dans Paris. — La Cour
quitte la Capitale.

Le 13 Mai 1648, le Parlement de Paris rendit un
arrêt appelé « arrêt d'union » par lequel il se liait
avec *le Grand Conseil, la Chambre des Comptes et
la Cour des aides* et contractait avec ces Cours souveraines une alliance contre la Cour ; les députés
envoyés par ces diverses assemblées à *la Chambre
de Saint-Louis*, voulant donner des lois au pays et
gouverner le royaume, avaient élaboré un projet
de Constitution.

La reine cassa d'abord cet « acte d'union », mais les
magistrats, n'ayant pas tenu compte de cet acte
d'autorité de la part de la régente, celle-ci céda.

Les Parlements du royaume s'émurent à la voix
du Parlement de Paris et celui de Normandie délégua plusieurs de ses membres, qui s'efforcèrent
d'intéresser leurs collègues à la révocation du
semestre ; les membres du Parlement de Paris,
députés aux réunions de la *Chambre de Saint-*

Louis, délibérèrent sur cette brûlante question et déclarèrent que « l'establissement ancien des Com-
« pagnies souveraines ne pourroit être changé, ny
« altéré, soit par augmentation d'officiers et des
« chambres, establissement de semestre, ou par
« démembrement du ressort des dites compagnies
« pour en créer et establir de nouvelles. »

A Rouen, les anciens qui siégeaient précisément à la même date, s'associèrent aux plaintes du Parlement de Paris, et ne parlèrent plus que d'abus à combattre et de lois nouvelles.

Le duc de Longueville, gouverneur de Normandie, qui était au début de cette lutte, du parti de la Cour, fit tous ses efforts pour modérer les ardeurs des conseillers, leur promit toutes sortes d'améliorations et pour le peuple, mille soulagements à ses maux :

« Croyez » disait-il « que sa Majesté vous accor-
« dera toutes les grâces qui sont en sa puissance.
« Je feray sçavoir au roy combien la Compagnie
« a souffert, et employeroy tout mon pouvoir pour
« la faire remettre à son ancien lustre. Que la
« Compagnie fasse au roy les remonstrances qu'elle
« croira nécessoires, je les appuyeroy. Y allant par
« ces voyes de respects, c'est oster à ceulx qui en
« vouldraient empescher l'effect, tout moyen de
« pouvoir nuire ! ! »

En un mot, le roy voulait bien que les parlements formulassent des prières, fissent des remonstrances, mais ne rendissent pas d'édits ; les allures

frondeuses du Parlement de Paris tournèrent la
tête aux membres du Parlement de Normandie,
qui firent des enquêtes sur tous les abus suscep-
tibles d'être réformés ; les anciens, s'apercevant
qu'on essayait de les jouer encore et de gagner du
temps, se fâchèrent tout à fait; pourtant les déclarations royales, qui donnaient une satisfaction
relative aux réclamations du peuple, en dimi-
nuant les impôts, avaient été accueillies en Normandie avec des transports de joie.

A Alençon « plusieurs particuliers et habitantz
« après avoir tesmoigné leur joye des diminutions
« des impôts, portées par les déclarations royales
« et arrest de vérifications du Parlement, au lieu
« de retourner chez eux continuer l'exercice de
« leurs professions, et prier Dieu pour la prospérité
« du roy, estoient venus à tel excedz, qu'ilz s'as-
« sembloient journellement au son du tambour
« et des cloches, portant des marmouselz dans
« les rues, et nuitamment avec scandalle et rumeur,
« cassant les vitres et faisant désordre ». (Registre
secret du parlement, 8 août 1648.)

On connaît les troubles dont Paris fut le théâtre
les 25 et 26 août 1648 ; le président de Blancmesnil,
les conseillers Broussel et Charton avaient été
arrêtés à l'issue d'un *Te Deum*, chanté à Notre-
Dame, à l'occasion de la victoire de Lens, rem-
portée par le prince de Condé ; l'émotion populaire était à son comble et les bourgeois réclamaient la mise en liberté des prisonniers ; les

journées des barricades sont une des phases les plus fameuses de cette partie de l'histoire de la Fronde.

Mathieu Molé, président du Parlement, traversa Paris suivi de ses conseillers, au milieu des menaces, des quolibets et des injures du peuple pour aller exposer à la reine mère, la situation grave dans laquelle se trouvait la Cour et lui faire connaître la fureur populaire qui accusait Mazarin de tous les maux dont souffrait le pays.

La reine refusa d'abord d'écouter les avis du Parlement, puis elle consentit, après bien des hésitations, à donner la liberté aux prisonniers.

Dans la nuit du 5 au 6 Janvier 1649, le jeune roi, la reine régente et toute la Cour sortirent de Paris, à quatre heures du matin, pour se rendre au château de Saint-Germain.

Paris était au pouvoir des mécontents et dans toutes les rues on chantait ce refrain :

Un vent de fronde
S'est levé ce matin
Je crois qu'il gronde
Contre le Mazarin

Le 8 Janvier, le Parlement de Paris rendait un arrêt par lequel le cardinal Mazarin était déclaré ennemi du roi et de l'Etat, perturbateur du repos public et il était enjoint à tous les sujets du roi de *lui courir sus !* La guerre était déclarée entre le Parlement et la Cour.

CHAPITRE III

Avis de quelques auteurs sur la Fronde
Origine de ce mot
Curieux portrait de la Reine

Dans l'*Histoire de France* d'Ozanneaux, on peut lire cette phrase :

« Il faut avouer qu'une princesse espagnole à la
« tête des affaires, avec un italien pour premier
« ministre, était peu fait pour développer en
« France le sentiment de la nationalité, et qu'il y
« avait une apparence de patriotisme dans la lutte
« que le Parlement de Paris venait d'entrepren-
« dre. »

Par contre dans *l'Histoire de France pendant la minorité de Louis XIV*, de Chéruel, livre III, on lit :

« La Fronde a, pendant cinq ans, troublé la
« France, allumé des guerres civiles, couvert le
« pays de ruines et de misères, et compromis
« toutes les conquêtes et la gloire des cinq pre-
« mières années de la minorité de Louis XIV. Tour
« à tour soutenue par le Parlement et par les princes,
« elle a toujours été une coalition d'intérêts et

ç d'intrigues, qui se couvraient du prétexte du
« bien public. »

Dans son *Histoire de la Fronde*, le marquis de
Saint-Aulaire est favorable à la fronde parlementaire dans laquelle il croit trouver « un premier
essai de gouvernement constitutionnel »

M. Feuillet, dans un ouvrage : *Misère au temps
de la Fronde*, dépeint la déplorable situation de
la France à cette époque.

Comme on le voit, tous les auteurs ne sont pas
d'accord au sujet de la Fronde.

∴

Ce fut Bachaumont, écrivain satirique, né à
Paris en 1624, qui inventa, dit-on, ce nom de
Fronde, et baptisa de la sorte cette guerre civile.
Cet écrivain, du reste, participa par ses satires et
ses chansons, à la lutte contre le cardinal Mazarin.
Bachaumont ayant remarqué que le Parlement
qui se laissa calmer par le duc d'Orléans, recom-
mençait ses attaques en l'absence de ce prince, le
compara aux enfants qui se battaient dans les
fossés des fortifications et fuyaient à l'approche
du lieutenant civil, puis reprenaient leurs jeux
quand il avait le dos tourné.

∴

Le cardinal de Retz, Paul de Gondi, donne dans
ses *Mémoires* un curieux portrait de la reine-régente, Anne d'Autriche, dont la personnalité

domine toute cette histoire de la Fronde jusqu'à la majorité du roi :

« La reine », écrivait-il « avoit plus que per-
« sonne que j'aie jamais vu, de cette sorte d'esprit
« qui lui étoit nécessaire pour ne pas paroître sotte
« à ceux qui ne la connaissoient pas. Elle avoit
« plus d'aigreur que de hauteur, plus de hauteur
« que de grandeur, plus de manière que de fond,
« plus d'inapplication à l'argent que de libéralité,
« plus de libéralité que d'intérêt, plus d'intérêts
« que de désintéressement, plus d'attachement
« que de passion, plus de dûreté que de fierté,
« plus de mémoire des injures que des bienfaits,
« plus d'intention que de piété, plus d'opiniâtreté
« que de fermeté et plus d'incapacité que de tout
« ce que dessus. »

Le portrait n'est pas flatteur, mais il nous a semblé qu'il était intéressant à reproduire, car il émane d'un contemporain de la Fronde et tout en supposant qu'il fut un peu forcé, il reste comme le reflet de l'état des esprits lors de cette époque troublée.

CHAPITRE IV

Les grandes figures de la Fronde : Portraits du duc et de la duchesse de Longueville, du prince de Condé et du prince de Conti, extraits des mémoires du cardinal de Retz — L'alliance des princes et du Parlement — Départ du duc de Longueville pour la Normandie — Craintes de Mazarin.

On trouve également, dans les *Mémoires* du cardinal de Retz, les portraits des héros principaux de la Fronde normande ; ils ont leur place marquée dans cette histoire et y ajoutent une note piquante ; les voici dans toute leur saveur :

Portrait de la duchesse de Longueville

« Madame de Longueville a naturellement bien
« du fond d'esprit, mais elle a encore plus le fin et
« le tour. Sa capacité, qui n'a pas été aidée par sa
« paresse, n'est pas allée jusqu'aux affaires dans
« lesquelles la haine contre M. le Prince l'a portée
« et dans lesquelles la galanterie l'a maintenue.
« Elle avait une langueur dans les manières qui
« touchait plus que le brillant de celles mêmes qui
« étaient plus belles. Elle en avoit une même dans

« l'esprit, qui avoit ses charmes, parcequ'elle avoit
« des réveils lumineux et surprenants. Elle eût eu
« peu de défauts si la galanterie ne lui en eût donné
« beaucoup. Comme sa passion l'obligea a ne met-
« tre la politique qu'en second dans sa conduite,
« d'héroïne d'un grand parti, elle en devint l'aven-
« turière. La grâce a rétabli ce que le monde ne
« lui pouvoit rendre ».

Portrait du duc de Longueville

« M. de Longueville avoit, avec le beau nom
« d'Orléans, de la vivacité, de l'agrément, de la
« dépense, de la libéralité, de la justice, de la va-
« leur, de la grandeur, et il ne fut jamais qu'un
« homme médiocre, parcequ'il eut toujours des
« idées qui furent infiniment au-dessus de sa ca-
« pacité. Avec la grande qualité et les grands des-
« seins, l'on n'est jamais compté pour rien ; quand
« on ne les soutient pas, l'on n'est pas compté
« pour beaucoup ; et c'est ce qui fait le médiocre ».

Portrait du prince de Conti

« J'oubliois presque M. le prince de Conti, ce
« qui est un bon signe pour un chef de parti. Je
« ne crois pas vous le pouvoir mieux dépeindre,
« qu'en vous disant que ce chef de parti étoit un
« zéro, qui ne multiplioit que parcequ'il étoit
« prince de sang. Voilà pour le public. Pour ce
« qui étoit du particulier, la méchanceté faisoit en
« lui ce que la faiblesse faisoit en M. le duc d'Or-

« léans. Elle inondoit toutes les autres qualités,
« qui n'étoient d'ailleurs que médiocres et toutes
« semées de faiblesse. »

Portrait du prince de Condé

« M. le prince est né capitaine, ce qui n'est ja-
« mais arrivé qu'à lui, à César et à Spinola. Il a
« égalé le premier ; il a passé le second. L'intrépi-
« dité est l'un des moindres traits de son caractère.
« La nature lui avoit fait l'esprit aussi grand que
« le cœur. La fortune, en le donnant à un siècle
« de guerre, a laissé au second toute son étendue.
« La naissance, ou plutôt l'éducation, dans une
« maison attachée et soumise au Cabinet, a donné
« des bornes trop étroites au premier. L'un ne lui
« a pas inspiré d'assez bonne heure les grandes et
« généreuses maximes, qui sont celles qui font et
« qui forment ce que l'on appelle l'esprit de suite.
« Il n'a pas eu le temps de les prendre pour lui-
« même, parcequ'il a été prévenu, dès sa jeunesse,
« par la chute imprévue des grandes affaires, et
« par l'habitude au bonheur. Ce défaut a fait
« qu'avec l'âme du monde la moins méchante, il
« a fait des injustices ; qu'avec le cœur d'Alexan-
« dre, il n'a pas été exempt, non plus que lui, de
« foiblesse ; qu'avec un esprit merveilleux, il est
« tombé dans des imprudences ; qu'ayant toutes
« les qualités de François de Guise, il n'a pas servi
« l'Etat, de certaines occasions, aussi bien qu'il le
« devoit ; et qu'ayant toutes celles de Henri du

« même nom, il n'a pas poussé la faction où il le
« pouvoit ; il n'a pu remplir son mérite, c'est un
« défaut ; mais il est rare, mais il est beau. »

.·.

Lorsque la Cour alla s'installer à Saint-Germain
la duchesse de Longueville (Anne-Geneviève de
Bourdon Condé) qui était la sœur aînée du grand
Condé et du prince de Conti, resta à Paris, où son
mari, le duc de Longueville, gouverneur de Normandie et son jeune frère Conti, vinrent le rejoindre.

Les parisiens pleins d'espérances et... d'illusions
organisèrent leur armée ; le 11 janvier 1649, le
prince de Conti était proclamé généralissime des
armées parisiennes, les ducs d'Elbeuf et de Bouillon, le maréchal de la Motte étaient nommés généraux.

Le duc de Longueville qui devait se rendre bientôt en Normandie, ne prit aucun commandement;
d'autres nobles, le duc de Luynes, le marquis de
Vitry et le duc de Beaufort surnommé " le roi des
halles ", le marquis de Noirmoutiers, le prince de
Marcillac, plus tard, duc de la Rochefoucauld, se
joignirent au Parlement.

« Le Parlement était tout, faisait tout dans Paris,
ordonnait la fortification des faubourgs, défendait
sous peine de la vie de se déguiser pour quitter la
capitale », dit Henri Martin, dans son *Histoire de
France*, tome XV, pages 316 et 317.

« Le gouvernement de l'aristocratie de robe était constitué de fait, le prince généralissime (de Conti) se déclarant hautement soumis aux ordres du Parlement.» (Journal du Parlement).

L'armée parlementaire prit possession de l'arsenal et le 12 Janvier 1649, du Tremblay, gouverneur de la Bastille, capitulait devant les injonctions du duc d'Elbeuf qui avait fait braquer sur la forteresse plusieurs pièces de canon ; le gouverneur de la Bastille était alors remplacé par le conseiller Broussel, très populaire, qui prenait comme lieutenant un de ses fils, La Louvière.

La joie des frondeurs était à son comble et le duc de Longueville qui partait pour la Normandie, faisait annoncer qu'il en reviendrait bientôt à la tête de nombreuses troupes pour délivrer Paris ; les Parisiens comptaient aussi sur l'armée de Turenne, qui faisait cause commune avec les frondeurs et dont la défection servait à entretenir leurs illusions.

∴

Le 18 Janvier le Parlement de Paris invita les autres Parlements et les villes, à faire cause commune avec lui ; le Parlement de Rouen donna son adhésion et bientôt les nouvelles de Normandie furent aussi satisfaisantes pour les frondeurs.

Dès le 15 Janvier, le duc de Longueville avait écrit au Parlement de Normandie pour l'engager à se joindre à celui de Paris ; Mazarin qui savait

que le duc faisait tout' pour soulever la Normandie, ordonnait ce même mois :

« Envoyer les capitaines des vieux corps et au-
« tres régiments qui sont ici, faire des recrues en
« Normandie et autres lieux, où l'on peut faire des
« levées de la part du Parlement ».

Le cardinal craignait qu'un soulèvement en
Normandie ne mit la Cour, à Saint-Germain, dans
une situation critique, entre Paris et Rouen révoltés.

Pour éviter des complications et contrebalancer
l'influence du duc, Mazarin envoya à Rouen le
marquis de Saint-Luc, maréchal de camp, et oncle
de François d'Harcourt-Beuvron, marquis d'Eclot,
qui commandait *le vieux Palais*, en l'absence du
marquis de Beuvron, son père.

Le vieux Palais, qui n'existe plus de nos jours,
était une forteresse, bâtie au XV· siècle par les
Anglais et située au bord de la Seine : la Cour
avait donc un grand intérêt à s'assurer de cette
forteresse, qui dominait la capitale de la Normandie.

D'après les carnets de Mazarin, le marquis de
Saint-Luc sembla au début réussir dans sa délicate mission ; en effet, le 20 Janvier, le cardinal lui
écrivait :

« Sa Majesté a été bien aise de voir le peu d'effet
qu'ont eu les sollicitations de M. de Longueville. »

Mazarin cherchait par l'entremise de son envoyé,
à gagner le marquis d'Eclot, en lui promettant la

survivance des charges de son père ; il tentait
aussi de s'attacher les nobles de la Haute et Basse
Normandie, tels le comte de Clères, le marquis de
Roncherolles, M. de Menneville, etc., car le 22
Janvier, il écrivait à Pierre de Roncherolles, maréchal de camp, qui devint le 10 juillet 1652, lieutenant général : « La reine est fort satisfaite de la
« conduite de M. le Président et elle espère que
« tous les autres membres de la Compagnie sui-
« vront à la fin ses exemples. Je sais que vous
« n'oublierez rien de ce qui dépendra de vos soins
« pour contribuer au service de sa Majesté. Le
« comte de Clères y pourra aussi être fort utile et
« agir conjointement avec vous. »

Mazarin attachait donc une importance considérable à l'état des esprits en Normandie, d'autant
plus que le duc de Longueville qui allait y entrer
incessamment, pouvait y exercer une grande influence.

La reine envoya à Rouen, au nom du roi, le
maréchal de camp, du Plessis-Besançon, conseiller d'Etat, qui venait faire défense au Parlement
et aux Echevins d'obéir aux ordres du duc « crai-
« gnant, si ces magistrats n'estoient advertis de la
« conduite du duc de Longueville, qu'ils ne re-
« çeussent, comme par le passé, les advis et les
« ordres de ce prince, d'où il pourroit arriver de
« grands inconvénients, en cas (disait la lettre de
« Louis XIV) que vous reçeussiez de luy quelque
« advis ou ordre, nous vous ordonnons que vous

« n'ayez à y déférer aucunement ; remettant à vous
« faire sçavoir plus particulièrement nos inten-
« tions à son esgard, au temps ou nous serons
« pleinement esclairez des siennes. »

. Les anciens du Parlement se réunirent chez le
président Bretel de Gremonville et résolurent que
les deux semestres seraient convoqués dès le soir
même pour délibérer sur ce qu'il convenait de
faire; quarante-neuf anciens et trente-six nouveaux
se trouvèrent en présence et l'avis des premiers
l'emporta, la majorité étant de leur côté.

Le marquis de Beuvron, commandant du *vieux
Palais* était une créature du duc de Longueville
et le Parlement fit semblant de mettre la ville en
état de défense ; les Compagnies bourgeoises reçurent l'ordre de prendre les armes, des sentinelles furent placées aux portes et sur les murailles.

Des ordres semblables furent envoyés aux échevins des diverses villes de Normandie ; à Andely,
les magistrats de la Cité reçurent celui de « mettre
« en garde des bourgeois dans le chasteau Gaillard,
« pour le service du roy, et éviter la surprise de la
« dicte place, à ce que la navigation de la Seine
« ne fust troublée. »

A Rouen, il fut défendu de lever et loger, *sous
peine de la vie*, aucunes troupes, de percevoir au-
cuns deniers, sans un ordre exprès du roi, apporté
au Parlement et sans l'attache du premier Président, commandant présentement les armes à Rouen,
sous l'autorité du monarque.

Un corps de garde établi en grand appareil devant l'hôtel du premier Président, annonçait à tous qu'à ce magistrat appartenait le commandement des armes dans la cité et tant d'autres mesures de cette sorte furent prises, qu'on aurait jamais fini de le dire. (Registre secret du Parlement.)

Mais ces précautions étaient inutiles, car le premier président ne pouvait rien sans le contrôle du Parlement et les anciens, qui étaient en majorité, préparaient le retour du duc de Longueville.

CHAPITRE V

Le duc de Longueville est déclaré rebelle et remplacé par le comte d'Harcourt — Voyage projeté du roi en Normandie — Lettre en faisant foi — Le Parlement refuse de recevoir le comte d'Harcourt — Réponse du comte — Invitation de la Cour — Le Parlement tente d'expliquer sa conduite.

La Cour ayant appris l'accord du duc de Longueville avec le Parlement de Paris et son départ pour la Normandie, le roi le déclara rebelle et comme tel, déchu de son Gouvernement ; le comte d'Harcourt fut nommé pour commander au nom du roi en Normandie.

Henri de Lorraine, comte d'Harcourt, dit *Cadet la Perle,* parce qu'il était le cadet de sa maison et portait une perle à l'oreille, s'était distingué dans les guerres précédentes, en Italie, en Espagne, en Flandre; il reçut l'ordre de se rendre immédiatement en Normandie et d'établir des garnisons dans la province ; les émissaires du duc de Longueville répandirent partout le bruit que le comte d'Harcourt était chargé d'édits fiscaux et que l'effort de la guerre serait bientôt porté en Normandie par le roi, qui devait s'y rendre en personne.

Il fut pourtant question à la Cour de conduire Louis XIV en Normandie, car dans une lettre adressée par le secrétaire d'Etat la Vrillière au comte d'Harcourt, le 22 Janvier 1649, on lit :

« On attend avec impatience le retour de M. de « Launay pour savoir s'il sera nécessaire que le « roi aille à Rouen et si vous jugez qu'on ne fasse « point de difficultés à sa réception ; car s'ils re-« fusaient l'entrée à sa Majesté, ce seroit un mal « pire que le premier et qui les engageroit dans « une désobéissance ouverte, dans laquelle il ne « sont pas encore à présent. Je vous avois mandé « que l'on partiroit aujourd'hui, mais je ne doute « point que nous ne recevions de vos nouvelles « cette nuit. On a jugé qu'il seroit mieux de diffé-« rer jusque à ce que nous vissions ce que vous « manderez. Cependant si vous jugez qu'il n'y ait « point d'inconvénient au voyage du roi et qu'il « doive être bien reçu, vous enverriez toujours par « avance une personne capable, comme si c'étoit « un maréchal des logis de sa Majesté envoyé d'ici « pour faire des logements dans Rouen pour toute « la Cour, et il sera bon que vous fassiez savoir « que Leurs Majestés n'y mèneront autres troupes « que *ses* compagnies et *sa* garde ordinaire de ca-« valerie. »

Chéruel dans l'*Histoire de France sous la mino-rité de Louis XIV,* ouvrage auquel nous emprun-tons ce document, fait remarquer que le texte de la lettre porte ses compagnies et sa garde, mais que c'est un lapsus évident puisqu'il est question dans la phrase de la Vrillière de Leurs Majestés, au pluriel.

« J'aurais bien souhaité, continuait le Secrétaire
« d'État, qu'étant obligé d'aller au Pont de l'Arche,
« vous eussiez laissé dans Rouen le sieur du Plessis-
« Besançon pour y entretenir toujours la négocia-
« tion et tenir les esprits dans l'assiette que l'on
« peut désirer. C'est pourquoi, en recevant celle-ci
« vous pourrez l'y envoyer et le faire accompagner
« de celui que vous choisirez pour faire la charge
« de maréchal des logis, si vous estimez que le roi
« y doive aller ; mais en tout cas, il faut que le
« sieur du Plessis-Besançon y retourne. »

« Comme le premier président a beaucoup d'af-
« fection pour le service du roy, il sera bon que
« vous lui fassiez donner part, et aux autres servi-
« teurs que le roy a dans la Compagnie, de la
« pensée ou sont leurs Majestés d'aller à Rouen,
« afin d'en avoir leurs avis et que nous puissions
« prendre nos mesures avec plus de fondement. »

« Pour ce qui vous a été dit de la part de Mes-
« sieurs du Parlement, de leurs affections et de
« leur obéissance, il faut du moins qu'il vous serve
« à empêcher qu'ils ne reçoivent pas M. de Lon-
« gueville. Vous leur pourrez aussi faire dire par
« le sieur du Plessis-Besançon et aux autres corps
« de la ville, que sa Majesté sera bien marrie qu'ils

« refusent de recevoir les grâces qu'elle est toute
« prête de leur départir et qu'eux, reconnaissant si
« mal les soins qu'elle prend pour rétablir son
« repos et celui de toute la province, elle fut obli-
« gée de leur faire ressentir les effets de sa juste
« indignation. »

« Il ne faut rien oublier pour mettre ensemble
« quelques troupes, soit des nouvelles levées, soit
« de celles que commande M. de la Ferté-Imbault
« pour courre sus aux premières levées qui se
« feront contre le service du roi, afin d'étouffer le
« mal en sa naissance, étant certain que si on peut
« défaire vingt ou trente de ces gens là, cela fera
« tenir les autres brides en mains. »

La Vrillière, après diverses recommandations
pour les levées de troupes ajoutait :

« On fera partir dans deux heures une Compa-
« gnie des gardes françaises pour aller au Pont de
« l'Arche, puisque vous le jugez nécessaire, et on
« en a envoyé encore une de suisses pour mettre
« dans le vieux Palais de Rouen. Je ne vous mande
« rien davantage ; mais comme vous êtes sur les
« lieux, on se remet à vous de prendre toutes les
« résolutions que vous jugerez les plus propres
« pour le service du roi, après les avoir consultées
« avec ceux de delà qui sont bien affectionnés et
« qui seront capables de vous donner leur avis. »

Ces précautions ne purent empêcher le Parlement de se déclarer ouvertement pour le duc de

Longueville, ainsi qu'on le verra plus loin ; le
premier président tenait seul pour le nouveau
gouverneur et le peuple insulta ce magistrat ; le
Parlement défendit à la garde bourgeoise de laisser
entrer le comte d'Harcourt dans la ville et ce dernier resta aux environs de Rouen, se contentant
d'envoyer ses pouvoirs au Parlement.

Un gentilhomme du duc de Longueville, M. de
Romé de Bretteville, fils du conseiller Romé de
Fresquienne, était venu secrètement à Rouen,
annonçant l'arrivée prochaine du duc et les anciens du Parlement avaient fait décider que le
comte d'Harcourt ne serait pas reçu.

Les conseillers de Bonnissent de Buchy et le
Lormier de Sainte-Hélène furent députés aux
Chartreux pour faire part au comte d'Harcourt de
la décision du Parlement

Le comte indigné, leur répondit : « Je ne reçoys
« point de parolles pour les porter au roy, au lieu
« d'effectz. Je suis venu avec les ordres de sa
« Majesté ; puisqu'on refuse d'y obéir, je me dois
« retirer. Si on m'eust laissé entrer, j'aurois pris
« les advis du Parlement et aurois faict en sorte de
« ne mettre aucune garnison dans la ville, ny les
« faubourgs. Je m'estonne que moy qui suis gen-
« tilhomme, né en Normandie, on me refuse l'en-
« trée de la capitale de la province. En mon par-
« ticulier, je demeureroy serviteur du Parlement ;
« mais je ne porteroy point au roy les parolles que
« vous estes venus m'adresser au nom de ceste

« Compagnie. » (Registre secret du Parlement, 21 Janvier 1649.)

Quand la nouvelle de ce refus parvint à Saint-Germain, la Cour fut très irritée et le Parlement ayant appris son mécontentement, décida sur l'avis judicieux du premier président, d'envoyer auprès du jeune monarque, l'avocat général Hue de la Trourie, porteur d'une lettre expliquant sa conduite :

« Nous avons estimé, disait cette lettre, que votre
« Majesté prendra en bonne part le service que
« nous avons creu luy rendre et à la reine régente
« en cette occasion ; qu'elle n'imputera point à
« désobéissance le délay de recevoir le dict comte,
« jusques à ce que nous ayons pu calmer les mou-
« vements et inquiétudes des peuples, et y faire
« connoistre à vos subjectz les choses contraires
« aux bruictz qui avaient esté semez pour les
« contenir en l'obéissance de vostre Majesté.» (Reg.
sec. 23 Janvier 1649.)

La Cour se contenta de ces explications ; Mazarin, qui voyait bien la faute commise en 1645, lors du rétablissement du semestre, on promit la suppression et le roy écrivit au Parlement pour lui dire qu'il était bien aise d'apprendre, que l'arrêt relatif à la « surséance de ses ordres portez par le comte d'Harcourt n'avoit esté rendu que par des motifs et considérations regardant son service. »

A l'Hôtel-de-Ville de Rouen, dans une assemblée des échevins : « il avoit esté résolu de demeu-

« rer dans la fidélité deue au roy et d'obéir aux
« ordres de sa Majesté. »

Les échevins étaient loin d'épouser les querelles
du Parlement et n'entendaient pas se mêler à ses
luttes contre l'autorité royale.

CHAPITRE VI

Les Mazarinades – Pamphlets Mazarins – Pièce
sur la venue du comte d'Harcourt en Normandie – Le duc de Longueville est reçu à
Rouen – Le Parlement est en pleine révolte
– Le roi interdit les Parlements de Paris et
de Rouen.

C'est à cette époque que commencèrent à Paris
les fameux pamphlets dirigés surtout contre le
cardinal Mazarin et connus sous le nom de *Mazarinades*, on en compte environ quatre mille ; la
Cour répliquait, mais les pamphlets Mazarins ne
dépassèrent pas la proportion de un contre vingt
des autres.

Les Mazarinades les plus en vogue furent celles
du poète Scarron, dont la veuve, Madame de
Maintenon, épousa plus tard Louis XIV.

Voici une pièce amusante parue à Paris et se
rapportant à la venue du comte d'Harcourt en
Normandie :

« Du Mercredy vingt, on vous mande,
« De la Capitale Normande,
« Que Harcourt vint gaillardement
« Pour prendre le gouvernement

« Du seigneur duc de Longueville,

« Mais que Messieurs de cette ville

« S'assemblèrent tous pour peser,

« Ce qu'il leur venoit proposer,

« Et que pendant la conférence,

« Le Comte eut belle patience

« Par un esprit un peu fougueux,

« D'attendre au couvent des Chartreux,

« Hors des faubourgs de cette ville,

« Et de devenir plus tranquille,

« Cependant que ce Parlement

« Ordonne, d'un consentement

« Qu'on prieroit la Reine régente

« D'estre si bonne et complaisante

« De laisser Rouen tel qu'il est,

« Deffendre seul son intérest

« Sans recevoir de la milice

« Pour estre pleine de malice ;

« Que le bourgeois se gardera

« Et qu'au dit sieur Comte il plaira

« De dresser autre part sa marche

« Si bien qu'il vint au Pont de-l'Arche

« Monté sur un cheval rouan

« Sans avoir entré dans Rouen,

« A deux portes de cette ville

« Ce jour, Monsieur de Longueville

« Partit escorté de Paris

« Par des cavaliers aguerris,

« Pour conserver la Normandie,

« Terre belliqueuse et hardie

« Qui nous promit en peut de jours

« Un considérable concours. »

(Le second courrier françois.

La valeur de la pièce ci-dessus est très discutable, mais comme elle a trait à la Normandie, il était intéressant de la reproduire à cette place.

Avant la venue de la lettre du roi au Parlement, des lettres du duc de Longueville étaient arrivées et les échevins les portèrent au Palais ; lecture en fut donnée et le parti du duc grandit d'heure en heure ; l'hôtel du conseiller de Fresquienne fut le lieu de rendez-vous des partisans de la Fronde, et il n'y eut bientôt plus dans Rouen que l'Hôtel-de-Ville qui restât fidèle au roi.

Le vieux Palais était surtout un sujet d'inquiétudes pour les échevins et ils avaient tout tenté, pour faire murer une porte basse par laquelle il était possible de s'introduire par surprise dans la ville.

La Fontaine du Pin, qui commandait effectivement le château, en l'absence du marquis de Beuvron, avait refusé *sans ordre du roi*, d'acquiescer aux désirs des magistrats de la Cité.

On comprit bientôt que la Fontaine du Pin cherchait à gagner du temps, car la nouvelle se répandait que le duc de Longueville était entré en Normandie avec deux ou trois cents chevaux.

Le premier président s'employa pour que l'entrée de la Cité fut refusée au duc, et les Frondeurs, laissant croire qu'ils partageaient ses scrupules, mirent Rouen en état de défense.

Le duc de Longueville, pendant ce temps, s'était emparé d'Évreux, où il avait laissé quelques soldats, puis il était arrivé en vue de Rouen, en passant par le Thuit-Signol et Lessart; il traversa alors la Seine à la petite chaussée de Bonne-Nouvelle, et le 24 janvier 1649, s'introduisit dans le vieux Palais par la porte basse donnant sur le fleuve, porte qui avait donné tant de craintes aux magistrats de la Cité.

Comme les canons du château annonçaient son arrivée, l'avocat général Hue de la Trourie, qui venait de Saint-Germain, entrait par une autre porte et il n'eut que le temps de se cacher pour que les dépêches royales qu'il apportait avec lui, et qu'il remit quelques jours plus tard au Parlement, ne lui fussent enlevées.

Le marquis d'Espinay Saint-Luc, envoyé quelques jours auparavant au vieux Palais par le roi, se trouva tout-à-coup en face du duc de Longueville :

« Saint Luc, dit ce dernier en riant, il n'y a pas longtemps que je vous haïssais bien ! »

« Et moi, Monsieur le duc, répondit Saint-Luc, je ne vous hais pas moins présentement que vous me haïssiez en ce temps là ; si l'on ne m'eust pas trompé, vous ne seriez pas icy, et si l'on ne vous eust pas trompé le premier, on ne m'y eust pas souffert. »

Le duc se montra à la terrasse du vieux Palais et fut salué par les cris de " Vive le Roi ! " et les acclamations de la foule accourue au bruit du canon.

Le parlement fut convoqué à la hâte : le premier président de Faucon, ainsi que le procureur général Courtin, firent tous leurs efforts pour que le duc ne fut pas reconnu comme gouverneur, mais Longueville que la réception du peuple avait encouragé, monta en carrosse avec le marquis de Beuvron et salué par les cris de joie des habitants, précédé de tambours, escorté par ses gardes, se rendit au Parlement.

Malgré les avis divers formulés par les conseillers, les anciens l'emportèrent et le duc fut reçu en qualité de gouverneur de la Normandie en la grand' chambre du Palais :

« Apprenant, leur dit-il, que le Parlement estoit
« assemblé, il s'en estoit resjouy, heureux que sa
« première démarche en arrivant, feust de venir
« saluer la Compagnie, pour luy tesmoigner son
« affection et ses intentions pour son contentement
« pour le bien et le soulagement de la Normandie. »

Le duc rappela ce qu'il avait déjà fait pour le service du roi et le bien de la province et fut très applaudi par les anciens conseillers.

Le premier président engagea alors avec le duc, un dialogue au cours duquel il lui exprima les craintes qu'il éprouvait et Longueville l'assura à nouveau de son désir de servir le roi, en tout et partout

Cette entrevue est diversement racontée par quelques historiens, mais cela ne change rien à l'histoire elle-même, car le duc l'emporta sur ses adversaires ; les échevins eux-mêmes devant l'unanimité des habitants, lui apportèrent les clefs de la ville ; la noblesse, le clergé, la bourgeoisie, lui présentèrent leurs hommages.

« Nous vous offrons, dirent les nobles, nos biens, nos bras et nos vies. »

« Nous vous offrons, dirent les prêtres, le peu de facultés qui nous restent. »

Le duc de Longueville, qui voulait forcer la Cour à compter avec lui, ne pensa plus dès lors qu'à se procurer de l'argent pour lever une armée.

Il excita d'abord le Parlement à supprimer le *semestre* de sa propre autorité, puis, pour le pousser à prendre cette décision, il engagea les anciens dans une lutte avec les nouveaux ; c'est ainsi que le 27 Janvier, le Parlement de Normandie prononçait l'annulation du semestre, en l'absence du premier président et du procureur général.

Le 10 Février, *la Cour des aides,* en présence du duc de Longueville, prononçait également l'annulation de son semestre, malgré les remontrances de son premier président, d'Ocqueville Becdelièvre.

Avec de semblables décisions, le Parlement entrait en pleine révolte contre l'autorité royale et n'avait plus rien à refuser au duc de Longueville.

Celui-ci avait besoin d'argent pour payer ses soldats ; le Parlement se mêla de lui en fournir et s'immisça dans l'administration des finances ; au Palais, le duc et les députés de toutes les compagnies, rendirent les arrêts les plus divers ; on saisit les recettes, le sel fut vendu à vil prix, on abattit les forêts ; l'armée frondeuse, du 10 Février au 20 Mars 1649, coûta à la Normandie 516.023 livres.

Pour empêcher les deniers publics de parvenir à Saint-Germain, il fut décidé que les recettes seraient portées à Rouen et à Caen, par moitié ; celles de la généralité d'Alençon, qui dépendait du duc d'Orléans, furent par exception maintenues dans les recettes particulières.

Les soldats du duc de Longueville se rendaient chaque jour aux *Bruyères de Saint-Julien*, en grand appareil, pour faire leurs *montres* (revues) et le jour de la première " montre ", ils jurèrent de « servir le Roy et les Parlements de Paris et de « Rouen, unys ensemble soulz le commandement « de Monseigneur le duc de Longueville, gouver- « neur de Normandie. »

Les échevins et officiers de la ville, essayèrent de résister à ces mesures, mais ils y furent contraints par le duc ; le Parlement, de concert avec ce dernier, dans le but de s'attacher le peuple, diminua les impôts et révoqua les édits royaux.

Les registres secrets de Février et Mars 1649, nous apprennent que le *tarif* sur les marchandises fut diminué de moitié ; qu'il en fut de même du droit de *pié fourché* et du droit de *stipe* ; cet impôt de *piéfourche* était un droit d'entrée imposé, dans les villes, sur les animaux, tels que bœufs, moutons, qui avaient le pied fourchu ; l'impôt de quatre sous pour livre et bien d'autres furent entièrement supprimés : les prêtres et les gentilhommes eurent le droit de vendre les boissons provenant de leur crû.

On cria à son de trompe, que défense était faite de ne rien percevoir en Normandie, qu'en vertu d'édits enregistrés aux Cours souveraines.

Les receveurs des finances récalcitrants furent emprisonnés ; le duc de Longueville et le Parlement étaient tout puissants dans la province.

Le Conseil du roi, à Saint-Germain, ayant cassé par un arrêt, les arrêts rendus par le Parlement de Rouen, le dit arrêt fut cassé à son tour par le Parlement frondeur.

Alors des levées de troupes furent partout ordonnées et à chaque village payant au moins 501 livres de taille, il fut demandé un soldat de pied, armé d'épée et de mousquet ; on en demanda deux aux bourgs et villages payant de 501 à 1.000 livres; puis, de nouveaux arrêts furent rendus, pour empêcher les mêmes levées au nom du roi, levées qui se faisaient déjà du côté de Pont-Audemer et de Montfort.

Ce fut à ce moment que le Parlement de Paris se mit en lutte ouverte avec le roi et rendit des arrêts enjoignant au cardinal Mazarin de sortir du royaume.

Le 28 Janvier, le Parlement de Normandie recevait des dépêches de Paris lui demandant de s'unir au Parlement de la Capitale et de l'imiter, en rendant aussi des arrêts d'expulsion contre le cardinal.

En fins Normands, les Conseillers rouennais répondirent, le 1er Février, qu'ils étaient en parfaite intelligence avec le Parlement de Paris, mais ils ne soufflèrent pas un mot relativement à l'expulsion du cardinal Mazarin.

Le 5 Février, le Parlement de Paris rendait un arrêt proclamant sa jonction avec celui de Rouen et l'illégalité du semestre ; Mathieu Molé, premier président, invita François Myron, conseiller au Parlement de Rouen, résident de sa compagnie près celui de Paris, à engager ses collègues à rendre aussi un arrêt contre Mazarin.

Le Cardinal importait peu aux magistrats normands ; ce qu'ils voulaient, c'était l'abolition du fameux semestre et malgré les intrigues des frondeurs, en tête desquels se distinguaient Valiquerville, Fiesque, Saint-Ibal, Fontrailles, qui essayèrent de leur arracher cet arrêt contre Mazarin, les Normands ajournèrent cette mesure jusqu'à la paix de Rueil et il n'en fut plus question.

Le 23 Janvier, le roi avait signé des lettres patentes qui déclaraient le duc de Longueville rebelle et criminel de lèse-majesté, ainsi que tous les promoteurs de l'insurrection parisienne, en tête desquels se trouvaient le prince de Conti et le duc d'Elbeuf ; à cette même date, le roi avait prononcé la suppression du Parlement de Paris.

Le 17 Février, le Parlement de Normandie fut supprimé à son tour et tous les officiers du Parlement furent interdits, déclarés criminels de lèse-majesté et supprimés dans le cas ou ils ne se rendraient pas dans quatre jours auprès du roi.

Louis XIV flétrissait leur conduite en ces termes :

« Nous ne pouvons voir qu'avec indignation la « mauvaise conduite des officiers de nostre Parlement de Normandie. Ils ont commis une infidélité sans exemple. »

Le roi déclarait aux bourgeois et au peuple qu'il ne s'en prenait pas à eux, mais aux magistrats qui les avaient abusés et il les engageait « à ouvrir les yeux, à connoistre la vérité de leur malheureuse condition, où on les avoit engagez ».

A cette condition, il se disait « prest à tout oublier. »

Mais le duc de Longueville donna l'ordre d'arrêter les hérauts d'armes envoyés à Rouen par la régente pour y notifier la déclaration royale et ceux-ci furent obligés de retourner à Saint-Germain sans avoir pu la proclamer.

Le premier président de Faucon de Ris, avait quitté Rouen, ainsi que le procureur général Courtin et le lieutenant général Roque de Varengeville; ces Magistrats abandonnaient les Conseillers frondeurs et se rendaient à Saint-Germain auprès du Roi ; l'avocat général Hue de la Trourie avait aussi refusé de se rendre au Palais et s'était déclaré ouvertement contre la Fronde ; il rejoignit la Cour ainsi que quelques anciens et les nouveaux Conseillers.

CHAPITRE VII

Le Parlement de Normandie transféré à Vernon — La province reste froide aux sollicitations des frondeurs — Promesses du duc de Longueville — Le comte d'Harcourt s'empare d'un certain nombre de villes — Sa lutte avec Longueville — La fronde à Paris — Espérances des Frondeurs — Négociations avec la Cour — La paix de Ruell.

Le 27 Février le roi transféra à Vernon, au couvent des Cordeliers, le Parlement de Normandie, en ne reconnaissant comme membres de cette assemblée que les magistrats qui étaient venus à Saint-Germain.

« Nous transférons donc la séance de nostre Parlement de Normandie en nostre ville de Vernon », disait l'arrêt royal.

Ce Parlement n'eut qu'une durée éphémère ; un journal manuscrit du temps dit en parlant des magistrats qui siégèrent à Vernon que « leur em-« ploy a esté si peu considérable, qu'il n'a esté faict, « depuis, aucune mention des affaires générales et « particulières qui y ont esté traictées. »

Les villes de la province et surtout celles de la Basse-Normandie refusèrent de faire cause com-

4

mune avec les Frondeurs ; à Neufchatel-en-Bray,
on ne voulait pas obéir ; à Caen, les émissaires de
Longueville étaient reçus avec froideur, et dans le
Cotentin, le comte de Fiesque n'eut pas plus de
succès.

Pourtant, le duc de Longueville promettait sans
cesse au Parlement de Paris des secours en hommes
et en argent; il parlait dans ses lettres, de 4.000, de
10.000, de 20.000 hommes et le Parlement de Rouen
se portait garant des promesses du duc.

Un poète chanta les armements de la Normandie :

> « Soyez bien seûrs que les Normands,
> « Vous porteront leurs compliments ;
> « C'est une nation perverse ;
> « Qui demande partie adverse ;
> « Et sur ce sujet nous diron :
> « *A furore Normannorum !* »

On s'aperçut bientôt à Paris que Longueville
promettait toujours de venir et qu'il ne venait
amais :

> « Allez, perfides généraux
> « Un Longueville avec ses charmes
> « Nous promet de guérir nos maux,
> « Et nous secourir de ses armes.
> « Il croit, en différant de quinze en quinze jours,
> « Nous abuser de ses promesses,
> « Sans qu'on découvre ses finesses,
> « Ny le mal qu'il nous fait, retardant son secours,
> « Qu'enfin, après avoir desçeu nostre espérance,
> « Dans un piteux estat abandonnant la France. »

(*Les trahisons découvertes et le peuple vendu*,
dédiez à Mᵉʳ le duc de Beaufort, 1649.)

Des satires telles que celles-ci avaient pour but de détromper les bourgeois de Paris que les Frondeurs avaient abusés.

.·.

Le comte d'Harcourt, auquel on avait refusé l'entrée de Rouen, avait établi son quartier général au Pont-de-l'Arche, dont le gouverneur était le sieur de Beaumont.

Mazarin écrivait au comte d'Harcourt, le 29 Janvier 1649 :

« La reine ne saurait assez louer le zèle et la
« fermeté inébranlables que vous témoignez au
« milieu des difficultés qui excitent plutôt qu'elles
« n'abattent votre courage. On connaît bien de
« quelle importance il est de vous envoyer des
« troupes, aussi en aurez-vous bientôt un bon
« nombre ; mais je vous prie de les faire vivre
« avec tout l'ordre et la discipline possible, et
« particulièrement d'empêcher qu'elles ne fassent
« aucun ravage en pillerie aux environs de Rouen,
« parce que cela ne ferait que jeter les peuples
« dans le désespoir et leur faire prendre des réso-
« lutions contre le service du roi plutôt qu'ils ne
« feraient autrement. Elles ne demeureront pas
« pour cela inutiles, puisque vous les devez em-
« ployer à courir sus à tous ceux qui lèvent des
« troupes sans ordre de sa Majesté, qu'il ne faut
« épargner en aucune façon. »

(Lettres de Mazarin).

Lorsque le comte d'Harcourt eût reçu des troupes et de l'argent, il s'empara successivement de Louviers, de Vernon, d'Andely, d'Ecouis, du Château-Gaillard et d'Elbeuf, mais une tentative contre Evreux échoua, par suite d'un mouvement populaire qui se produisit dans cette ville, à l'instigation des Frondeurs; devant Gisors, le comte n'eût pas plus de succès, le bailli Flavacourt, qui était du parti des Frondeurs, ayant déjoué ses plans.

Par contre, il s'empara de Quillebeuf ou commandait le sieur de Malhortie, et après en avoir fait le siège, resserra de la sorte Rouen, entre Pont-de-l'Arche et le Havre.

Quillebeuf avait été fortifié par Henri IV et s'était appelé pendant quelque temps Henriqueville; le duc de Longueville pensait réparer les murailles de la ville, quand celle-ci fut prise.

Le comte d'Harcourt passa ensuite la Seine avec huit cents cavaliers, et par Bourgtheroulde et Montfort, se dirigea sur Pont-Audemer dont les échevins lui ouvrirent les portes et auxquels il donna sur leur demande comme gouverneur, Le Sens de Folleville, se contentant de saisir un certain nombre de deniers publics et d'emmener quatre bourgeois en otages.

Le comte espérait aussi prendre Lisieux, où commandait pour le roi le comte de Livarot, mais l'évêque de Matignon, du parti de la Fronde, fit fermer les portes de la ville; d'Harcourt se dirigea alors sur Honfleur, ville commandée par le sieur de Montz, pour le duc d'Orléans.

Dans le même temps, le comte de Clères s'emparait du Neubourg où se tenaient alors des marchés fort importants; trois navires avaient été armés en guerre par ordre du Parlement de Rouen, cette petite flotte, commandée par le capitaine Regnault, ne fit pas beaucoup parler d'elle, quoiqu'elle formât « l'escadre » de la Normandie frondeuse.

Le duc de Longueville, en Mars 1649, essaya de reprendre Pont-Audemer, et le 3 de ce mois, il envoya le marquis de Chamboy avec 400 cavaliers et 800 fantassins, sommer Le Sens de Folleville de lui livrer cette ville.

Le gouverneur qui formait un régiment composé de jeunes recrues, électrisa ses hommes par ces paroles :

« Compagnons, si vous voulez que je vous croye
« capables de servir le roy, comme vous l'avez
« tous asseuré, il faut me montrer icy ce que vous
« sçavez faire, de quoy vous voyez bien que jay
« bonne opinion, veu que je me mets à vostre
« teste sans vous avoir veus encore l'épée à la main».

Les soldats de Folleville se jetèrent avec impétuosité sur l'armée assiégeante, et cette dernière prit la fuite devant ces guerriers improvisés, aidés par les bourgeois de Pont-Audemer.

Le duc de Longueville résolut, devant cet échec, d'entrer lui-même en campagne et prit congé du

Parlement en lui promettant victoires sur victoires ; il disait en parlant du comte d'Harcourt :

« Je le resserreroy de si prèz, que j'en espère en
« bref, une parfaicte victoire. »

Lorsqu'il revint à Rouen, poursuivi par les troupes royales, Longueville entra au Palais au son des tambours et des trompettes et payant d'audace, déclara que « son voyage, quoique court, « avoit produit d'excellents effects. »

En ce qui concernait l'armée du comte d'Harcourt, il se garda bien de dire qu'il avait fui devant elle et raconta que « prenant ombrage de « sa marche, cette armée s'était retirée vers Pont- « Audemer pour défendre cette ville et que lui, « Longueville, ayant ainsy réussy a son dessein « principal, il estoit revenu à Rouen. »

Cette dernière partie de la phrase était seule exacte, puisqu'il y était rentré, mais en cachant les conditions de son retour.

Les gazettes frondeuses relatèrent avec force commentaires ce beau *chef d'armes;* il fallut pourtant en rabattre, lorsqu'on apprit que l'armée royale s'était au contraire avancée vers Moulineaux, pour livrer bataille au duc de Longueville et que ce dernier était revenu en toute hâte à Rouen, dans une galopade effrénée, avec ses cavaliers, pendant qu'on embarquait en désordre, à la Bouille, les fantassins et l'artillerie dont le marquis de Bougy contrariait les opérations en faisant de nombreux prisonniers.

La Bouille fut pillé par l'armée royale et c'est à cela que se réduisit *la grande occasion de la Bouille* ainsi que l'appela ironiquement Saint-Evremond.

Dans la Basse Normandie, Charles de Matignon, marquis de Lonrei et comte de Torigni, s'emparait du château de l'Isle-Marie, appartenant au sieur de Bellefonds. L'évêque de Coutances, qui était un des plus zélés défenseurs de la cause royale en Normandie, nous apprend dans ses lettres au cardinal Mazarin, que Matignon était hésitant, calculait les chances et attendait que la fortune se prononçât pour ou contre la Fronde, pour se déclarer lui-même.

Ce prélat écrivait à Mazarin le 20 Février que Monsieur de Matignon avait convoqué à Bayeux pour le premier Mars la noblesse de la Basse-Normandie, et il disait dans une lettre du 2 Mars, qu'il était constant que jusqu'ici, M. de Matignon « ne s'était point encore déclaré ».

M. de Matignon se décida enfin à jeter le masque ; il mit le siège devant Valognes, ville défendue par les troupes royales, et réussit à s'emparer du château après treize jours de siège,

Saint-Evremond se moque de cet exploit dans *Retraite de M. de Longueville en son gouvernement de Normandie :* « Le Marquis de Matignon "écrit-« il ", toujours illustre par sa suffisance et présen-« tement fameux par le mémorable siège de Valo-« gnes, commandait les troupes du Cotentin, disant « qu'il voulait avoir sa petite armée et être aussi

« indépendant de M. de Longueville que le Wals-
« tein l'était de l'Empereur ».

Chéruel fait remarquer dans son *histoire de
Louis XIV*, qu'il y avait longtemps que Walstein
avait péri assassiné, mais que Saint-Evremond ne
s'inquiétait pas outre mesure de la chronologie.

La place d'Argentan fut prise aussi par les Frondeurs commandés par Matignon et le marquis de
Chamboy, qui s'emparèrent également du château
du Chesne ; mais ils ne purent réduire la ville
d'Alençon, et cette cité fournit au contraire des
recrues nouvelles à l'armée royale.

L'armée frondeuse s'empara pourtant aux environs de Rouen, de Harfleur, de Montivilliers, du
château de Fontaine-Martel, près de Bolbec, de
Neufchâtel et du château de Clères.

Cette lutte entre Longueville et Harcourt fut
racontée par un poète de la Fronde :

> Oui ce grand Longueville,
> Se montre fort habile,
> Et se bat tous les jours
> Contre Monsieur d'Harcourt,
> J'ay encore ouy dire
> Qu'il en avoit deffoit
> Qui venoient pour réduire
> A mort des villageois,
> Et ruyner leurs villages
> D'un cœur plein de carnages ;
> Mais Dieu n'a pas permy
> Ce grand massacre icy.

Pendant ce même temps, la guerre avait lieu
autour de Paris ; le poste de Charenton que les
Frondeurs avaient fortifié fut enlevé le 8 Février

par l'armée royale commandée par le prince de Condé ; de longues discussions s'étaient élevées les 11 et 12 février, au sein du Parlement et les conseillers commençaient à craindre que leur témérité ne les ait entrainés trop loin ; mais les grands seigneurs, profondément engagés dans la lutte, voulaient maintenant en retirer quelque profit.

Ils attendaient l'armée d'Allemagne, commandée par Turenne, que son frère le duc de Bouillon, avait entrainé dans la Fronde, et ils négociaient déjà avec l'Espagne.

Le 24 février, l'armée frondeuse essuyait une défaite importante à Brie-Comte-Robert.

La famine régnait à Paris et devant l'état des esprits, le Parlement décida le 28 février que des conférences seraient ouvertes avec la Cour.

Trois partis se trouvèrent alors en présence, d'un côté la Fronde du coadjuteur et des généraux, d'un autre côté la Cour, enfin les membres du Parlement et de la bourgeoisie parisienne qui désiraient la paix.

Mazarin était l'objet de toutes les attaques, on répétait dans les rues, cette chanson de Carnaval :

Dans notre extrême affliction
J'ai cette consolation
Que notre ennemi le Carême
De lui sera traité de même
Et qu'on ne l'observera pas
Non plus que moi dans les repas,
Ainsi se joignant à la France
Qui le va poursuivre à outrance
Le carême et le carnaval
Feront la guerre au cardinal !

Mazarin était donc attaqué avec violence, mais la régente très impressionnée par la mort du roi Charles Ier qui venait d'être exécuté, n'abandonnait pas le cardinal à la rancune de ses ennemis ; « j'aurais peur, disait-elle à Madame de Motteville « si je le laissais abattre, qu'il ne m'en arrivât « autant qu'au roi d'Angleterre et qu'après l'avoir « chassé, on n'en vint jusqu'à moi ! ! ».

Le duc de Longueville malgré la guerre qu'il soutenait contre les troupes royales, entretenait des des pourparlers avec divers personnages, dans le but de conclure la paix avec la Cour.

Dans les mémoires du cardinal de Retz, on lit que ce prince traitait toujours avec les deux partis, Longueville négocia même avec dom Francisco Pizarro, envoyé par l'Espagne, mais il n'osa jamais s'en ouvrir au Parlement de Normandie ; les magistrats s'inquiétèrent bientôt de ces négociations, et le président Bretel de Grémonville lui exprima un jour ses craintes en pleine grand'chambre.

Longueville, il faut le dire à sa louange, promit de ne jamais se séparer des cours souveraines ; il refusa toujours par la suite d'entrer officiellement en conférence avec la Cour sans que les dites cours souveraines de Normandie fussent admises à y prendre part avec lui, et il tint parole.

Les négociations entre la Cour et le Parlement de Paris s'ouvrirent à Rueil le 5 mars, et le premier traité fut conclu sans la participation du Parlement de Normandie et du duc de Longueville.

La Cour avait envoyé à Rouen des passe-ports pour le duc et ses agents, mais comme on oubliait les cours souveraines, les conseillers Myron et Mauduit de Fatouville, résidant à Paris pour le Parlement et pour la cour des Aides de Rouen, protestèrent vivement contre cette exclusion, d'autant plus que les députés du Parlement de Paris compromettaient dans les pourparlers de Rueil, les intérêts de celui de Normandie.

Myron défendit avec tant de chaleur le Parlement de Rouen, qu'un jour il fut fort mal reçu par le premier président Mathieu Molé, qui lui dit « que ce n'étoit pas les formes d'entrer en ceste « sorte ».

Enfin, on se décida à écouter les remontrances des magistrats normands, et les députés parisiens répondirent que les articles du 11 mars, *simple projet* du traité, « seroient dans peu suivis d'une « déclaration en forme, concertée dans une assem- « blée où le Parlement de Normandie auroit toute « la part qu'il pouvoit souhaiter ».

Les passe-ports toujours promis ne venant pas, le Parlement de Rouen envoya à Myron et à Mauduit de Fatouville de pleins pouvoirs pour, disaient ceux de Myron « assister en qualité de député du « Parlement de Normandie, au traicté qui seroit « faict avec leurs Majestez, avec plein pouvoir de « traicter et négocier ce qui regardoit l'intérest, « honneur et dignité du Parlement et autres com- « pagnies souveraines de la ville, soulagement

« des peuples et bien général de la province, et
« pour, à cet effet, conférer avec les députés du
« Parlement de Paris et l'envoyé du duc de Lon-
« gueville ».

Cet envoyé se nommait Foulongue d'Antouville.

Les autres compagnies souveraines et les échevins y avaient aussi joint leurs mémoires sur les
instances du duc ; Myron réussit à ce que des
passe-partout fussent envoyés à Rouen, et les
membres du Parlement tinrent une assemblée à
laquelle assistèrent le duc de Longueville et le
marquis de Beuvron; comme il y avait des passe-
ports pour un président et cinq conseillers, on
désigna le président de Launay de Criqueville, les
conseillers Coste de Saint-Sulpice, Le Lormier de
Saint-Hélène, Auzeroy de Courvaudou, et Paul-
mier de la Bucaille, auxquels on adjoignit Myron
en récompense de son dévouement.

La Chambre des comptes délégua le président
de la Barre, les conseillers Voisin de Saint-Paul,
et Anfrie de Chaulieu ; la Cour des Aides envoya
le président Bigot de la Turgère, les conseillers
Giverville, de Glatigny, et Mauduit de Fatouville;
le bureau des Finances eût pour représentant le
trésorier de France Baudouin du Bassel.

Enfin, des passe-ports étant venus sur la demande du duc de Longueville, pour deux échevins, on désigna à l'Hôtel-de-Ville, les échevins de
Guenonville et du Mouchel.

Tous les députés des Cours souveraines, quittèrent Rouen le matin du 20 Mars, et leur départ se fit en grande solennité; les compagnies de cavalerie commandées par les sieurs de Rothelin et de Saint-Laurent, les escortèrent jusqu'au haut de la côte Fleury, et un trompette du gouverneur les précéda jusqu'à Saint-Germain.

A la Cour, on se lassait de les attendre, et lorsqu'ils arrivèrent, on allait commencer sans eux les conférences.

Dans « *Récit véritable de ce qui fut dit à l'arrivée de Messieurs les députez du Parlement de Normandie à Saint-Germain-en-Laye* » brochure éditée à Paris en 1649, chez J. Dedin, rue Saint-Jean-de-Beauvais, on prête à un des députés rouennais une étrange harangue, adressée à la régente ; l'auteur de ce livre relate que les députés, en entendant prononcer le nom de Mazarin, qui avait signé le traité accepté par le Parlement de Paris, se seraient indignés et que l'un d'eux aurait prononcé une harangue des plus violentes, déclarant « qu'il trouvait grandement ridicule et estrange « après un arrest juridique et rendu avec une « grande connoissance de cause, contre le cardi- « nal Mazarin, déclaré et véritablement convaincu « perturbateur du repos publicq et de l'Estat « (arrest confirmé par le Parlement de Rouen) de « luy avoir sans raison ny apparance quelconque, « permis et reçeu signer les dictz articles, mesme « en qualité de ministre d'Estat, qu'avant toute

« conférence, ils ne pouvoient passer outre au faict
« de leur députation. »

Ce même député aurait critiqué les articles du
traité du 11 Mars et demandé la réformation de
plusieurs de ces articles, puis après avoir flétri les
exactions de Mazarin, ajoutant que « les habitants
« de la Normandie avoient pour ce subject, quitté
« la province réduictz à la besace et à une mendi-
« cité extrême », il aurait conclu en demandant
« l'expulsion immédiate du cardinal. »

La reine régente avait simplement répondu :
« j'adviseroy ».

Floquet, dans son *Histoire du Parlement de Normandie*, n'ajoute aucune créance à ce récit qui
fut répandu dans Paris, à la suite de cette première audience des députés normands.

Ces derniers demandèrent, en outre de la révocation du fameux semestre, de nombreses réformes
pour la Normandie, malgré les efforts que firent
auprès d'eux les magistrats parisiens dans le but
de les en détourner, mais ils avaient promis au
peuple des soulagements et ils ne voulaient pas
rentrer dans leur province sans avoir obtenu ce
qu'ils étaient allés réclamer à Saint-Germain.

« Nous croyons qu'il fault s'appliquer, ·ν ce
temps, à conserver le royaume, et non à le réfor-
mer », répétaient les députés du Parlement de
Paris, et comme le chancelier Seguier disait que
le roi ne pouvait accorder au peuple tout ce qu'il

souhaitait, « vous vous devez contenter de cette réponse », disaient les parisiens aux normands.

Le maréchal de la Meilleraie, surintendant des finances, appuyait les dires des premiers. « Les peuples » disait-il, « ont témoigné tant d'attache-« ment aux compagnies souveraines, qu'il a esté « absolument résolu, au conseil du roy, de ne leur « accorder aucun soulagement par leur entremise.»

En résumé, la cour voulait, avant tout, conclure la paix, et laissait entrevoir au Parlement qu'il pouvait remettre à plus tard ses remontrances, tout en lui laissant espérer la révocation du semestre.

Mais les députés normands persistèrent dans leurs revendications et le président de Criqueville fit tant et si bien que la Cour se décida enfin à écouter les demandes du Parlement de Normandie.

Les revendications présentent de nos jours un intérêt secondaire, mais il importe pourtant d'en donner un court aperçu.

Les députés normands demandaient le maintien des principes posés par les déclarations de 1648 et par les arrêts qui les avaient suivis ; ils demandaient en outre qu'il fut envoyé aux Cours souveraines, tous les édits fiscaux, baux, adjudications, contrats et partis, afin qu'ils pussent être examinés et contrôlés, puis la révocation de divers édits enregistrés par la commission présidée par le chancelier Séguier, notamment ceux des *notifications*, du *contrôle des greffes*, du *quart en sus*.

Enfin, ils réclamaient de nombreux soulagements pour la Normandie, concernant les cités, les campagnes, les nobles, les bourgeois, les magistrats, les membres du clergé; une remise sur la *taille*, la diminution du prix du sel, le renvoi des troupes répandues dans la province; en faveur du commerce, l'interdiction de certaines marchandises provenant de l'étranger et pour celles qui entraient dans le royaume, une égalité de droits avec celles de France, ainsi que la diminution du droit de sortie sur les toiles ; ils demandaient enfin pour Rouen la suppression de toute garnison ; pour les gentilshommes, les magistrats et le clergé, le rétablissement des anciens privilèges.

De vifs débats s'élevèrent entre les ministres du roi et les députés normands et arrivèrent à un certain degré d'acuité, surtout lorsque ces derniers réclamèrent une amnistie complète pour tous ceux qui avaient pris part à la révolte, et le remboursement des frais de la guerre !

Le chancelier Séguier se récria fort, disant «que « c'étoit là une chose de la plus périlleuse consé- « quence, sans exemple dans le passé », mais les députés normands, à force de ténacité, finirent par triompher en grande partie et réussirent à obtenir une déclaration spéciale pour la Normandie.

Malgré les rudes apostrophes du duc d'Orléans et les représentations du prince de Condé, qui assistaient à la conférence, les normands combattaient la Cour pied à pied, lorsque revint sur le tapis la fameuse question du semestre.

Le duc d'Orléans leur avait dit : « Eh bien, « Messieurs, vous voulez la guerre, je l'iroy moi- « mesme faire dans vostre pays, si vous empes- « chez l'accomodement qui avait desja été faict « par Messieurs du Parlement de Paris, tout le « mal tombera sur vous. »

C'est alors que les députés normands pour ne pas briser brutalement avec la Cour, se rési- gnèrent à accepter le maintien d'un président et de quinze conseillers nouveaux.

Le duc d'Orléans leur ayant demandé : « Si, enfin, ilz estoient satisfaits. »

«Nous ne le pouvons estre », répondit le prési- dent de Criqueville, « si le peuple de Normandie n'est soulagé. »

Une déclaration spéciale pour la Normandie fut conclue entre les députés de Rouen et le chance- lier Séguier ; un article prononçait la suppression du semestre et des charges de présidents et de con- seillers créés depuis quelques années, ne mainte- nant qu'un seul président et quinze conseillers, qui seraient choisis et nommés par le parlement et se confondraient avec les anciens.

La cour des aides était également déchargée de son semestre et resterait seule en Normandie, celle de Caen étant supprimée.

« La mémoire de ce qui s'estoit passé dans les

« derniers mouvements, devant demeurer esteint-
« et assoupi », les décisions prises à Rouen pendant les troubles furent déclarées nulles et non
avenues ; la Cour s'engageait à ne rien entre-
prendre contre les compagnies qui avaient pris
ces décisions ; elle s'engageait à ne faire aucune
recherche contre tous ceux qui avaient reçu, payé,
employé les deniers du roi, du public ou des
particuliers, ainsi que contre les ordonnateurs,
viseurs des ordonnances, il devait en être tenu
compte aux receveurs et fermiers ayant payé en
vertu des ordonnances du duc de Longueville où
des arrêts des compagnies souveraines.

Les ventes du sel du roi étaient ratifiées et
« déduction estoit accordée sur la taille, aux
« paroisses qui justifiroient avoir fourny des
« hommes, en conséquense des arrêtez du Parle-
« ment de Rouen, à cause des derniers mouve-
« ments » ; cinquante livres devaient leur être
déduites en raison de chaque homme qu'elles
auraient pu fournir.

Les cours souveraines gagnaient donc leur cause
et traitaient de puissance à puissance avec l'autorité royale, ce qui était sans précédent dans l'histoire.

Les députés obtinrent aussi pour le peuple des
soulagements ; on remit à ce dernier le cinquième des tailles et on en fit même décharge
entière aux paroisses qui pouvaient justifier
qu'elles avaient souffert par suite des passage,

séjour, et logement des gens de guerre. La déclaration proclamait le retour aux *formes* anciennes, pour la répartition des tailles et promesse était faite de ne plus faire de levées, sans vérification préalable par les Cours souveraines.

Le roi, pour le reste des réclamations, se proposait d'y pourvoir lorsqu'il serait éclairé par les renseignements qu'il allait recueillir.

Les députés normands avaient aussi réclamé le renvoi de Mazarin, mais comme ils n'avaient pu obtenir satisfaction sur ce point, ils se dispensèrent d'aller saluer le premier ministre avant leur départ ; ils se contentèrent de saluer le roi et la reine régente au château de Saint-Germain ; Anne d'Autriche était indignée de voir le roi obligé de traiter avec les cours souveraines et elle le fit bien sentir aux députés normands au cours de cette audience ; ceux-ci en entrant « avoient mis un ge- « nouil en terre et s'estoient incontinement rele- « vez » ; le président de Criqueville dit aux souverains que « les députez de Normandie, venus « pour se conjouire avec le roy du bon succèz de « ses affaires. le supplioient d'establir sa plus « souveraine puissance dans les affections et inte- « restz de ses subjectz, pour sa gloire et la seureté « de sa couronne. »

Anne d'Autriche qui sentit bien la leçon déguisée par l'hommage, répondit que « le roy leur « continueroit ses affections, en le servant bien à « l'advenir. »

Lorsque les députés normands revinrent à Rouen une réception triomphale leur fut faite ; les six Compagnies de la garde bourgeoise leur rendirent les honneurs, pendant que le peuple, qui se pressait sur leur passage, poussait mille cris de joie ; les députés allèrent saluer le duc de Longueville à Saint-Ouen ; dans leur harangue, ils se réjouirent avec lui de la conclusion de la paix et des avantages obtenus pour la Normandie, en lui en attribuant tout le mérite et l'honneur.

Le président de Criqueville et le président de la Barre, de la Chambre des Comptes, furent reconduits solennellement à leurs demeures.

Le duc de Longueville s'était opposé au retour du premier président de Faucon de Ris, et avait répondu à ce magistrat, qui lui annonçait sa venue prochaine à Rouen, pour présider l'audience solennelle où serait lue la déclaration royale : « Estant « en guerre jusques à ce que la déclaration du roy « soit enregistrée, vous ne devez point revenir à « Rouen avant, et, jusques la, ceux du parti con- « traire au mien ne seroient pas en seureté dans « ceste ville ».

M. de Ris ne put rentrer à Rouen que quelques temps après, ainsi que les autres magistrats qui s'étaient déclarés contre les Frondeurs ; parmi eux, figuraient le procureur général Courtin, le président Poirier d'Amfreville, les avocats généraux Leguerchois et Hue de la Trourie, le lieutenant-général du bailliage, Roque de Varengeville, etc.

Les Frondeurs portèrent alors aux nues le duc de Longueville ; après l'audience du Parlement, audience solennelle ou fut lue et publiée la déclaration de Saint-Germain, et à laquelle il se rendit avec le marquis de Beuvron, on vit le duc « descendre des hauts sièges par le *petit escalier du* « *roy, ce sanctum sanctorum* du prétoire où nul « que les rois de France n'avoit, de mémoire « d'homme, imprimé ses pas. Il y en eût de grands « murmures, ce que le prince ayant su, on ne le « vit jamais recommencer dans la suite », dit le « journal du Parlement.

Les députés normands avaient dressé un long procès-verbal de tous les pourparlers de Saint-Germain, et il fallut une journée au Parlement pour en entendre la lecture.

Quelques récriminations s'élevèrent encore lorsqu'on en arriva à la déclaration royale, qui terminait ce long factum et qui ne satisfaisait pas à toutes les demandes en faveur du peuple ; mais les protestataires, reconnaissant qu'il eût été difficile de mieux faire, ajournèrent leurs demandes et le traité fut enregistré purement et simplement.

Les conseillers, en robes rouges, se rendirent ensuite dans la chambre dorée, pour publier le traité de Saint-Germain devant un nombreux auditoire, et des manifestations joyeuses eurent lieu, lorsque le président de Grémonville annonça qu'il « seroit donné ordre au licenciement des troupes ».

Un *Te deum* d'actions de grâces fut alors chanté

à Notre-Dame en l'honneur de la paix et tous les corps de la ville s'y rendirent pour assister à cette cérémonie.

Les députés des diverses Compagnies de la ville qui avaient pris part aux conférences de Saint-Germain étaient présents lorsque la déclaration fut enregistrée par le Parlement ; lorsqu'ils se levèrent, le doyen de la Cour des aides, Bigot de la Turgère, prit la parole :

« Souvenons-nous, Messieurs, dit-il, combien a « esté advantageuse l'union des Compagnies, et « quelle ne finisse pas avec ceste guerre, mais soit « perpétuelle pour le bien du service du roy et de « la justice, pour l'advantage de la province et des « Compagnies. »

Le traité de Saint-Germain, enregistré au Parlement de Paris le premier Avril, fut publié le 2, dans la Capitale ; dans la Normandie, il fut envoyé d'abord dans toutes les villes occupées par les troupes du comte d'Harcourt qui furent obligées de se retirer et ensuite publié dans le reste de la province.

Le duc de Longueville licencia son armée ; Rouen avait beaucoup souffert de la présence de ses soldats, pour la plupart indisciplinés, mais ce fut encore plus désastreux pour la ville et pour la province toute entière, lorsque ces bandes, sans chefs, se répandirent partout dans la Normandie, où elles firent plus de mal qu'auparavant.

Le duc avoue lui-même « qu'il a vu, en Nor-
« mandie, beaucoup de lieux où l'ennemi n'eut
« point fait plus de mal. »

Dans « *le congé burlesque de l'armée Normande* »
le poète normand, David Ferrand, chantait alors :

Adieu, l'honneur de Normandie
Son Altesse vous congédie,
Et vous donne licence à tous,
D'aller boire du sildre doux.
Tous nos fauxbourgs vous remercient
Et n'ont jamais veu, sans railler,
Jardiniers si bien travailler,
N'y d'instruments de tant de sortes
Pour abattre et rompre les portes.

Vieilles reliques de bataille,
Où vous ne fistes rien qui vaille,
Ouï d'avoir servi la Patrie
Allez vous vanter au logis,
Dites-y que les champs sont rougis
Du sang versé par vos espées ;
Que les Césars et les Pompées,
N'ont rien eu d'esgal à vos bras ;
Que ce qu'on escrit de Coutras,
D'Yvry, d'Arques, de Cérisoles,
Ne sont que des discours frivoles,
Et que vous paraissiez plus beaux,
Quand vous fustes à Moulineaux.

Un historien du temps, en déplorant l'état
lamentable de la Normandie à cette époque, a
écrit ceci :

« Que le peuple apprenne par là que les princes,
en se soulevant, ne cherchent que le succès de
leurs ambitieux dessins, sûrs d'une récompense

d'autant plus brillante qu'ils l'auront poussé à de plus extravagants excès, dont, en temps utile, ils lui sauront laisser tout le crime, toute la peine et tout le dommage. »

Il est affligeant de remarquer que, dans cette Fronde Normande, mille ambitions qui se firent jour étaient dictées bien plus par l'intérêt personnel que pour le bien public.

Malignon, comme Longueville, recherchait les faveurs de la Cour et les faveurs populaires ; une lettre de l'évêque de Coutances au cardinal Mazarin, montre la mobilité des sentiments de M. de Malignon ; cette lettre n'est pas datée, mais d'après Chéruel, elle doit se placer en Août 1649, puisqu'il y est question du retour prochain de la Cour à Paris, retour qui eût lieu le 18 Août. Cette lettre commençait ainsi :

Monseigneur,

« M'étant entretenu ces jours passés avec quel-
« que personne qui est dans les intérêts de la
« maison de Malignon, et lui ayant fait connaître
« comme de moi-même que Monsieur de Mali-
« gnon fut presque le seul de tous ceux qui ont
« agi dans les mouvements derniers, qui n'eût
« rendu par lettre ses respects à votre Eminence
« et que je ne croyais pas que le simple compli-
« ment qui avait été fait par M. de Bougy fût
« suffisant, cet ami du dit sieur de Malignon
« tomba dans mon sentiment, me témoignant que

« si je voulais me charger de sa lettre, il se don-
« nerait l'honneur d'écrire à votre Eminence, et
« aujourd'hui Monseigneur, le dit sieur de Mali-
« gnon m'a fait rendre la lettre ci-jointe que je
« prends la liberté d'envoyer à votre Eminence,
« par laquelle il lui rend ses devoirs et l'assure de
« ses services. »

« Celui qui m'a rendu cette lettre de créance de
« sa part, m'a dit que l'intention du dit sieur de
« Malignon était de se donner sans aucune réserve
« à votre Eminence. »

Cette lettre finissait de la sorte :

« J'ai envoyé à M. de Lisieux (Léonor de Mali-
« gnon) la réponse que votre Eminence a fait à la
« lettre que j'avais prié M. de Servien de vous
« donner et je m'en vais faire tous mes efforts,
« dans cette grande province, pour y rendre votre
« nom et votre personne aussi glorieux et aussi
« considérables, qu'ils y ont été odieux, quoique
« très injustement. »

Le Parlement dut s'occuper enfin des suites de
la révocation du *semestre,* cause initiale de la
fronde parlementaire ; les seize postes de conseillers maintenus furent l'objet des discussions les
plus passionnées et l'indignation des nouveaux
officiers amena des *remontrances* que publia
Antoine Estienne, premier imprimeur et libraire
ordinaire du roi, sous le titre de : « *Très humbles*

remonstrances du Parlement de Rouen (au semestre de septembre) au roy et à la royne régente. »

Ces remontrances, avant d'être imprimées, avaient été présentées au roi et à la régente, mais elles restèrent sans réponse.

Le Parlement de Paris admonesta sévèrement l'imprimeur et envoya l'arrêt qu'il rendit à ce sujet au Parlement de Normandie.

Le fameux semestre normand avait vécu et dans « *l'Enfer burlesque* » dédié à Mademoiselle de Chevreuse (1649), un poète chanta, en montrant l'enfer défendu par une épaisse muraille :

> Les piliers, de pierre fort dure
> Qu'on casseroit moins aisément
> Qu'on a fait du *semestre normand.*

.·.

Par le traité de Saint-Germain, le duc de Longueville obtint la survivance de son gouvernement de Normandie pour son fils aîné le comte de Dunois, et en cas de décès de celui-ci pour son fils puîné, le comte de Saint-Paul, mais il ne se contenta pas des avantages qui lui étaient accordés.

Dans les mémoires d'Omer Talon, il est question d'une des grandes charges de la couronne, celle d'*amiral de France* que désirait le duc ; d'autres mémoires parlent de celle de *connétable.* Longueville voulait aussi obtenir le gouvernement *d'une place de considération* en Normandie et de grosses sommes d'argent.

La place en question était celle de Pont-de-l'Arche; le duc était déjà maître de Rouen, de Caen, de Dieppe; le Pont-de-l'Arche lui eût donné la haute main sur le commerce entre Rouen et Paris.

Il se fit nommer *grand bailli* de Caen et de Rouen et plaça un peu partout ceux qui l'avaient suivi pendant la Fronde; c'est ainsi qu'à Rouen *Plénoche* remplaça l'échevin *Pouchel* au fort de la Porte Cauchoise; *Montenay* fut nommé commandant du Petit-Château et l'échevin de Brévedent de Sahurs fût disgracié; la place de sergent-major de la ville fut achetée par de La Fontaine-du-Pin.

Ceux qui ne l'avaient pas suivi précédemment dans la révolte, étaient fort malmenés; d'après la déclaration royale du 19 Janvier 1650 « il ne se « faisoit pas scrupule de les menacer d'une entière « ruine, silz refusoient plus longtemps d'espouser « aveuglement toutes ses passions. »

Aussi, lorsque le duc de Longueville vint réclamer à la Cour le Gouvernement de Pont-de-l'Arche, en demandant cette nouvelle faveur comme « place de sureté », la reine régente déclara hautement « qu'elle ne lui donneroit point cette « place; que cela étoit tout à fait contre les maximes de l'État; qu'elle ne se souciait point de « tout ce qui en pouvoit arriver pourvu qu'elle fit « son devoir. » (Mémoires de Madame de Motteville).

D'après l'*Histoire de la Fronde*, par le comte de Saint-Aulaire, elle ajouta « qu'elle aimerait mieux « céder le tiers du royaume aux ennemis, que le « Pont-de-l'Arche au gouverneur de Normandie, « qu'elle ne voulait pas que son fils, devenu majeur « eût un jour ce reproche à lui faire. »

CHAPITRE VIII

Rentrée de la Cour à Paris — Exigences de Condé — Mariage du duc de Richelieu — La place du Hâvre — Mécontentement de la Reine — L'arrestation de Condé, de Conti et de Longueville est décidée.

Le 18 Août 1649, la Cour était rentrée à Paris et le prince de Condé revenait avec elle ; la Fronde parlementaire était vaincue et Condé demandait déjà sa récompense pour l'appui qu'il avait prêté à la Cour.

On assiste alors aux négociations de Condé avec le Cardinal ; Condé qui s'était réconcilié avec sa sœur, la duchesse de Longueville et avec le prince de Conti, son frère, voulait prende part à tout dans le gouvernement et réclamait pour ses amis et pour lui-même toutes les faveurs.

Mazarin, lors des conférences de Saint-Germain, avait quelque peu promis le Pont-de-l'Arche pour le duc de Longueville, Condé réclama alors avec insistance auprès du Cardinal pour le forcer à tenir sa promesse et ce dernier se retranchant derrière le refus de la régente, fut insulté par le prince; enfin la reine céda devant les exigences de Condé.

La vieille Fronde, en présence de l'attitude de

Condé, se sépara de lui et négocia avec Mazarin ; Madame de Chevreuse que celui-ci avait habilement gagnée au parti de la Cour, l'engageait à faire arrêter le prince ; Gondi, cardinal de Retz, qui venait de s'allier avec la Cour, garantissait que Paris ne bougerait pas si on emprisonnait Condé, Conti et Longueville ; en retour, Mazarin promettait à Gondi le chapeau de Cardinal et ce prélat jeune et intrigant, lui assurait l'alliance du Parlement.

Le mariage secret du jeune duc de Richelieu avec la marquise de Pons et l'attitude insolente de Condé, précipitèrent les événements.

Des tabourets de faveur, sollicités par Condé, avaient été accordés par la Reine à Mesdames de Marcillac et de Pons ; la noblesse protesta contre ces nouvelles faveurs et la reine révoqua ces privilèges le 10 Octobre.

Madame de Pons a joué un certain rôle dans cette nouvelle Fronde qui va encore jeter le trouble dans la province normande, sans cependant y apporter la désolation et la mort comme sa devancière.

Le jeune duc de Richelieu, commandant général des galères du Roi, était aussi gouverneur de la ville du Hâvre, sous la tutelle de sa tante, la duchesse d'Aiguillon, nièce du cardinal de Richelieu.

La garnison du Hâvre était commandée par Sainte-Mauré et la duchesse d'Aiguillon, qui y avait placé un homme sur lequel elle pût compter, tenait beaucoup à conserver cette place, dont elle savait la grande importance.

La duchesse de Longueville, qui connaissait bien aussi le Havre et convoitait cette ville, rêvait de la réunir à Dieppe, Pont-de-l'Arche, Caen et Rouen, afin de donner à son mari une quasi-souveraineté sur la province de Normandie.

Pour arriver à ce qu'elle désirait, la duchesse conçut le projet de faire épouser au jeune duc de Richelieu, Madame de Pons, née Anne Poussard du Vigan, veuve sans fortune et sans beauté, mais d'un caractère agréable, ce qui mettait le duc sous l'entière dépendance de la maison de Condé.

Le duc, qui professait pour Madame de Pons un amour passionné, résolut de l'épouser ; le prince de Condé et Madame de Longueville protégèrent leurs amours, l'union protégée pouvant donner à leur parti une place importante ; ils savaient bien que, ni la reine, ni la duchesse d'Aiguillon ne consentiraient à ce mariage, aussi résolurent-ils de se passer de leur approbation.

Le 24 décembre 1649, le duc de Richelieu, prétextant une partie de chasse, quittait le Havre et se rendait au château de Trie, (aujourd'hui dans l'Oise), propriété de la duchesse de Longueville.

Condé et Conti l'y attendaient avec leur sœur et Madame de Pons ; le mariage fut célébré par l'aumônier du château, le 26 Décembre et dès le lendemain, les nouveaux époux reprenaient le chemin du Havre où il arrivèrent le 28 ; Sainte-Maure reçut alors de la duchesse d'Aiguillon l'ordre de ne pas les laisser entrer dans la ville, mais il était trop tard et Sainte-Maure ne put s'opposer à leur installation dans une cité dont le duc de Richelieu avait le titre de Gouverneur.

Le 29 décembre, un courrier envoyé par le prince de Condé arriva chez le duc de Richelieu ; le prince lui faisait savoir qu'il avait vu la régente, le duc d'Orléans et Mathieu Molé, premier président du Parlement de Paris, la reine n'avait rien voulu promettre, mais le duc d'Orléans et Molé s'engageaient à soutenir la validité du mariage.

Condé conseillait au jeune duc de demander à la garnison un nouveau serment de fidélité et de s'opposer à l'admission de l'envoyé de la reine, Guy de Bar, capitaine aux gardes ; le courrier de Condé apportait même l'ordre audacieux de jeter dans la mer avec une pierre au cou, « la personne « qui arriverait chargée des instructions de la « régente ».

En compulsant les mémoires du temps, on trouve que la reine ne se refusait pas seulement à approuver le mariage du duc de Richelieu avec Madame de Pons ; à Condé, qui essayait de tourner cette affaire en plaisanterie, elle avait déclaré que cette union contractée malgré le souverain et la tutrice du duc, était nulle de plein droit ; on sait, du reste, que le roi intervenait toujours dans les affaires de famille des ducs et pairs du royaume et que ces derniers ne pouvaient contracter de mariage sans son approbation.

Guy de Bar put entrer dans la place du Hâvre, malgré le duc de Richelieu et parvint même auprès de lui dans la citadelle ou il s'était retiré ; au nom de la reine régente et de la duchesse d'Aiguillon, il lui déclara malgré les protestations de son interlocuteur, que le mariage qu'il avait contracté avec Madame de Pons était entièrement nul, qu'il serait cassé par le roi et que l'on ferait enfermer sa femme dans un couvent, puis il mit sous les yeux du duc un ordre de la régente lui enjoignant de prendre possession de la place.

De Bar était également porteur d'une lettre de Madame d'Aiguillon pour Sainte-Maure qu'elle chargeait d'exécuter les ordres d'Anne d'Autriche.

Le duc de Richelieu, trop amoureux de sa femme pour l'abandonner, déclara à de Bar qu'il arrivait trop tard et qu'il refusait d'obéir ; il resta donc maître de la place du Hâvre malgré la régente et la duchesse d'Aiguillon.

La ville du Hâvre, qui est à l'heure actuelle une des plus grandes cités de France, avait déjà une certaine importance à cette époque de notre histoire, ainsi qu'il résulte d'une lettre écrite à Mazarin en 1650 par d'Argencourt, maréchal de camp, qui avait exercé sous le règne de Louis XIII d'importantes fonctions en Normandie, ayant été chargé de la direction et de la fortification des ports de la Haute-Normandie.

« En premier lieu, écrivait-il au cardinal, j'assu-
« reroi à votre éminence que le Hàvre est la meil-
« leure, la plus forte et la plus importante place
« du royaume, tant pour sa situation, qui se
« trouve sur le bord de la mer à l'embouchure de
« la rivière de Seine, au long de laquelle se
« trouvent Rouen et Paris, sur le milieu de la
« Manche, et partout voisine d'Angleterre, de
« Hollande, en Flandre et Espagne, où les secours
« peuvent venir et peuvent entrer avec le vent à
« toutes les marées, sans qu'il soit possible à
« quelle armée navale que ce soit de le pouvoir
« empêcher, d'autant que les secours venant vent
« en poupe, les vaisseaux qui seroient à la rade et
« sur l'ancre, n'oseroient démarrer sans donner à
« la côte et faire naufrage ; que le port est si bon
« et si sûr qu'on ne peut endommager les vais-
« seaux par aucun moyen, ni par l'artillerie, ni
« par le feu, vu qu'ils sont dans l'enceinte des
« bastions en toute sureté ; qu'elle est assise dans
« un marais éloigné de tout commandement, et
« où les approches sont comme impossibles, et
« qu'en une extrémité on peut inonder toute la
« campagne par le moyen des écluses à marée
« haute. Il y a encore tout plein d'avantages à dire
« pour la bonté de sa fortification, tant à la ville
« qu'à la citadelle, qui seroient trop long à déduire
« et qui me donnent la liberté de dire que cette
« place surpasse toutes les autres du royaume. C'est
« de quoi je puis assurer votre Eminence et que

« nul n'en est mieux informé que moi qui l'ai faite
« depuis son commencement jusqu'à sa perfection
« où j'ai vaqué l'espace de huit à dix ans. »

Le mariage du duc de Richelieu avec Madame
de Pons, déplut très fort à la reine régente qui vit
avec une exaspération croissante son autorité mé-
prisée ; la duchesse d'Aiguillon et la duchesse de
Chevreuse, dont la fille était destinée au duc de
Richelieu, entretinrent Anne d'Autriche dans son
ressentiment ; c'est alors que les princesses, de
concert avec Mazarin, persuadèrent au duc d'Orléans qu'il était urgent de prendre une décision
vis-à-vis des princes, et que leur arrestation fut
décidée.

Le prince de Condé était du reste grisé par des
succès de toutes sortes et des discussions s'éle-
vaient sans cesse entre le duc d'Orléans et le vain-
queur de Rocroy.

CHAPITRE IX

Le cardinal Mazarin n'eût pas beaucoup de peine à obtenir du duc d'Orléans, son consentement à l'arrestation des princes ; pourtant on hésita à comprendre le duc de Longueville dans cette mesure rigoureuse ; enfin, l'arrestation de ce dernier ainsi que celle des princes de Condé et de Conti fut décidée.

Le 18 janvier 1650, la princesse douairière de Condé avait fait part de ses craintes à son fils :

— Qu'ai-je à craindre, lui dit Condé, le cardinal est mon ami !

— J'en doute, lui répondit-elle.

— Vous avez tort, reprit son fils, je compte sur lui autant que sur vous.

— Dieu veuille que vous ne vous trompiez pas, dit la princesse en se dirigeant vers le Palais-Royal.

Les craintes de la princesse douairière n'étaient
que trop fondées.

Le prince de Condé, arrivant dans la grande
galerie, rencontra Guitaut, capitaine des gardes,
qui lui dit tout bas à l'oreille :

— Monseigneur, ce que je vous veux, c'est que
j'ai ordre de vous arrêter, vous, M. le prince de
Conti, votre frère et M. de Longueville.

Malgré leurs protestations, les trois princes,
entourés par un détachement des gardes commandé par Comminge, furent conduits au donjon
de Vincennes.

Le duc d'Orléans lorsqu'il apprit leur arrestation, s'écria : « Voilà un beau coup de filet, on a
pris en même temps un lion, un singe et un re-
nard ! » (Mémoires de Guy Joly).

Mazarin avait espéré qu'on pourrait s'emparer aussi de la duchesse de Longueville, qui
avait pris une part importante à la nouvelle
fronde, mais lorsqu'elle apprit l'arrestation de ses
frères et de son mari, la duchesse refusa de se
rendre au Palais-Royal, malgré l'invitation de la
reine; elle se réfugia d'abord chez sa mère, Char-
lotte de Montmorency et ensuite dans une petite
maison du faubourg Saint-Antoine.

Lorsque l'arrestation des princes lui fut annoncée, elle s'évanouit « et jamais personne » dit
Madame de Motteville dans ses mémoires « n'a
« paru plus touchée qu'elle le fut alors »

Elle se doutait que l'invitation ·: la reine cachait un piège, et elle s'enfuit en Normandie, espérant soulever contre la Cour cette province dont son mari était gouverneur.

La mère de la duchesse se retira à Chantilly avec sa belle-fille, Claire-Clémence de Maillé-Brézé et son petit-fils le duc d'Enghien; les amis et les partisans des princes réussirent pour la plupart à s'échapper.

La belle duchesse de Longueville, qu'une haine implacable guidait contre Mazarin, se rappelait qu'en Normandie on lui avait dit un jour : « Nous ne serons jamais lasches quand il s'agira de vostre service » ; elle se mit donc en route vers Rouen avec sa belle-fille, Mademoiselle de Longueville, le prince de Marcillac, le marquis de Beuvron, Saint-Ibal, de Sillery, Tracy, le poète Sarrasin et quelques dames de sa suite.

Pendant ce temps-là, Bouillon gagnait le Limousin ; Turenne qui se croyait lié par la reconnaissance à Condé, allait à Stenai avec la Moussaye ; d'autres se réfugiaient à Bellegrade et à Saumur et faisaient tous leurs efforts pour soulever la Bourgogne, dont Condé était gouverneur.

La Normandie fit à la duchesse de Longueville et à ses compagnons l'accueil le plus glacial, contrastant si fort avec l'empressement dont elle avait fait preuve vis-à-vis du duc de Longueville, l'année précédente.

Mazarin de son côté avait préparé ses moyens

d'action aussitôt après l'arrestation des princes et promis à Myron, conseiller au Parlement de Normandie que le semestre ne serait jamais rétabli ; Myron en ayant informé par un courrier le Parlement de Rouen, ce dernier avait répondu « que « les asseûrances et marques de protection que « leur donnait le cardinal Mazarin, seroient sui- « vies d'effect, venant de personne de si grand mé- « rite et de tant de pouvoir, et qui avoit choisy un « si faible interprète pour manifester à la Compa- « gnie ses desseins ».

Le conseiller Myron était chargé d'assurer le « cardinal de la fidélité du Parlement, de son « zèle à conserver la province, et Rouen notam- « ment, en paix et obéissance ».

« Dictes-le au cardinal, ajoutaient les membres « du Parlement, et que nous espérons, par le pou- « voir qu'il a pleu au roy nous donner, tout main- « tenir en cet estat ».

La duchesse de Longueville, arrivait donc un peu tard pour s'attirer les sympathies du Parlement, d'autant plus qu'elle avait commis la maladresse, à Ecouis, de faire arrêter par son escorte le courrier du roy, qui apportait des dépêches annonçant aux cours souveraines, l'arrestation des princes et en indiquant les motifs.

Ce courrier avait été mis en chartre privée à l'hôtel de la *Croix Blanche*, dans le faubourg Cauchoise, aussi le Parlement s'indigna-t-il, lorsque l'envoyé de la duchesse, le sieur de Saint-Cyr, vint apporter de sa part, au Palais-de-Justice, les dépêches en question, tout en retenant le courrier prisonnier, et fit-il délivrer le courrier du roi, qui reconnut les dépêches.

Le procureur général Courtin, devant toutes les Chambres assemblées, dénonça cet inqualifiable attentat en s'étonnant « que des personnes envo- « yées par le roy ne trouvassent point leur sureté « dans une ville où les habitants n'espéroient qu'à « luy donner des marques de leur fidélité et de « leur obéissance » et le Parlement refusa de con- fier le commandement des armes au marquis de Beuvron, malgré ses demandes réitérées, en disant « qu'au Parlement, pour l'heure, appartenait dans « Rouen, le commandement de la force armée. »

D'après les *Mémoires de Montglas* « la duchesse « faisoit tout ce qu'elle pouvoit pour faire révolter « la capitale de la province. »

La maison de Romé de Fresquiennue, conseiller au Parlement, dévoué au duc de Longueville, servait de magasin d'armes, d'où partaient des munitions, des mousquets et des épées, qui étaient de là, embarquées pour Pont-de-l'Arche, qu'on voulait mettre en état de défense.

Devant ces inquiétants symptômes et en pré- sence des menées de la duchesse et de ses émissaires, le Parlement, sur les réquisitions du procureur général Courtin, rendit un arrêt qui fut imprimé, crié et affiché dans toute la ville, par lequel il était fait défense absolue à « toutes personnes de « quelque qualité et condition qu'elles fussent, de « faire aucunes assemblées, de s'attrouper en « armes dans Rouen et aux environs, sans l'ordre « exprès du Roy, à peine de la vie. »

La duchesse de Longueville et ses fidèles n'étaient pas nommés dans cet arrêt, mais ils étaient claire- ment désignés dans ce passage, dans lequel les hôteliers étaient obligés de remettre aux *quarte- niers* les noms des personnes venues loger chez eux, et leur donner le pouvoir d'interroger ceux qu'ils pourraient trouver « de quelque qualité et « condition qu'ilz feussent. ».

En outre, des huissiers et un commis greffier furent envoyés à l'hôtel de Fresquienne, pour s'emparer des armes qui pouvaient encore s'y trouver.

Le Parlement qui venait de faire sa soumission au roy, envoya alors près du jeune monarque, le 25 janvier 1650, les conseillers Sallet et Lenoble pour lui réitérer « les vœux de la Compagnie, ses submissions, fidélité et obéissance. »

« Nous voyons » dirent-ils au roi et à la régente, « tous les espritz des subjectz de sa majesté, en « Normandie, dans une parfaicte unyon, pour tous « ensemble, exécuter vos volontez et intentions. »

Mazarin, que le Parlement avait auparavant dédaigné d'aller saluer, eût sa part des hommages.

La duchesse de Longueville n'avait donc plus

rien à faire à Rouen, en présence des dispositions du Parlement à son égard, et elle ne songea plus dès lors qu'à sortir de la ville ; s'il faut en croire le cardinal de Retz dans ses mémoires « le Parlement l'en envoya prier. »

La duchesse, voyant que Rouen lui refusait asile et appui, pensa alors aux diverses places normandes commandées par des créatures de son mari : à Caen, Cherbourg, Granville, le Pont-de-l'Arche, Dieppe, Le Havre enfin, où résidait en maître le jeune duc de Richelieu.

Mais la Cour avait dépêché auprès du duc, le marquis des Thermes qui réussit à lui faire comprendre que son intérêt d'abord, et son devoir ensuite, lui dictaient de rester fidèle au roi ; puis, les officiers de la garnison dépendaient de la duchesse d'Aiguillon et les magistrats de la ville, qui avaient tenu plusieurs assemblées, ne voulaient pas se lancer dans de nouvelles aventures « exhor-« tant les habitants à continuer dans l'obéissance « qu'ilz devoient au roy et à demeurer dans les « sentiments que les subjectz doivent à leur sou-« verain. »

Plusieurs de ces magistrats avaient été anoblis par le roi et les registres de la Cour des Aides de Rouen font mention de lettres d'anoblissement de Jean Auber, sieur de Querville, et de Alphonse Auber de Crémainville.

Le duc de Richelieu, qui désirait la ratification

de son mariage par la Cour et sentait le terrain incertain sous ses pas, fit la sourde oreille et n'ouvrit pas à la duchesse de Longueville les portes de la ville du Havre.

CHAPITRE X

Mazarin conseille au roi de se rendre en Nor-
mandie. — Départ de la Cour. — Prise de
Pont-de-l'Arche — Entrée de la Cour à Rouen.
Conférences du Parlement et du Cardinal.

Mazarin craignait de nouveaux soulèvements en
Normandie et il engageait vivement la Cour à se
rendre dans cette province, pour étouffer tous les
germes de révolte.

Dans une réunion du Conseil, il signala les
avantages que Paris retirerait d'un tel acte poli-
que, la capitale tirait de la Normandie des blés et
des provisions en abondance et si le Pont-de-
l'Arche restait au pouvoir des amis du duc de
Longueville, il y avait lieu de craindre que les
communications ne fussent interceptées et que
Paris n'en souffrit.

Dans les carnets de Mazarin, un passage nous
montre jusqu'à quel point le cardinal tenait à
avoir pour lui l'opinion publique au sujet de ce
voyage ; il écrivait « Faire dire que Arnaudeau
« mette le voyage de la reine et ses causes. »

Arnaudeau n'était autre que le fameux *Théo-*
phraste Renaudot, rédacteur de la *Gazette de France*

depuis 1631 ; Renaudot inséra en effet dans son journal un article pour expliquer le voyage du roi en Normandie.

Lorsque le voyage fut décidé, Mazarin employa tous ses efforts à s'attacher de plus en plus la vieille Fronde qui, tout en lui vendant chèrement son alliance, lui assurait le succès sur le parti des princes.

Le duc d'Orléans, pendant l'absence du roi et de la reine régente, restait dans la capitale avec les pouvoirs les plus étendus et Mazarin plaça près de lui un ministre, en qui il avait la plus entière confiance, Michel Le Tellier.

La Cour quitta Paris le premier Février et se rendit directement à Pontoise, où elle resta jusqu'au 3 ; c'est dans cette ville que Mazarin vint rejoindre les souverains.

Le comte d'Harcourt commandait la petite armée chargée de faire exécuter les ordres du roi ; Chamboy, qui commandait le Pont-de-l'Arche, fut sommé de rendre cette place, mais il refusa énergiquement d'acquiescer à cette mise en demeure, et Mazarin prit le parti de le faire attaquer immédiatement, ainsi que le prouve le passage suivant d'une lettre écrite le 4 Février, à Michel Le Tellier par le cardinal, lettre dont l'original signé est à la bibliothèque nationale :

« Il est venu ici un gentilhomme qui a vu
« Chamboy, lequel, à ce qu'il nous a rapporté, est
« résolu de périr dans sa place, nous verrons s'il

« demeurera toujours dans la même fermeté car,
« de ce côté-ci, on ne perdra pas un moment de
« temps à pousser cette affaire. »

Le comte d'Harcourt, en effet, reçut l'ordre d'attaquer le Pont-de-l'Arche ; les habitants, lassés
depuis longtemps de la tyrannie du marquis de
Chamboy et des soldats de la garnison, se tournèrent contre leur gouverneur, et ayant pris les
armes, dirigèrent plusieurs pièces d'artillerie contre le château où Chamboy s'était retiré ; le gouverneur, devant l'attitude menaçante des habitants, abandonna tous ses projets de résistance et
consentit à rendre le château, en y mettant pourtant deux conditions : la première, qu'il lui serait
payé une somme de vingt mille livres pour l'in-
demniser des dépenses qu'il avait faites dans la
place, et la deuxième, que la liberté lui serait accordée ainsi qu'à ses soldats et qu'ils pourraient
se retirer où bon leur semblerait.

Mazarin accorda ces conditions avec empressement, trop heureux de pouvoir enlever le Pont-
de-l'Arche au parti des princes et cela sans que le
sang ne fut versé.

C'est à Rouen, où elle venait de faire son entrée
le 5 Février, que la Cour reçut la nouvelle de la
prise du Pont-de-l'Arche.

Cette entrée du roi et de la reine régente dans la
capitale de la Normandie, avait été solennelle ;
Monglas dans ses mémoires, relate que « sa Majesté

« fit son entrée dans Rouen, où elle fut reçue avec
« toute la joie et les acclamations imaginables ».

Le comte Charles Martel de Clères et Jean de
Fay, comte de Maulevrier, étaient allés, à la tête
de trois cents gentilshommes, au devant du roi et
de la régente ; à Notre-Dame, après la harangue
du haut-doyen, au grand portail, « se fit une ac-
« clamation universelle du peuple dont toute
« l'église estoit remplie, criant à haulte voix : Vive
« le Roy ! » (Registres capitulaires).

Lorsque le roi quitta la cathédrale, les orgues
retentirent, les cloches sonnèrent à toute volée et
« le peuple continua les acclamations de vive le
« roy ! avec grande joie et allégresse publiques ».
(Registres capitulaires).

Louis XIV ordonna de mettre en liberté les prisonniers pour fêter sa *joyeuse entrée* dans sa bonne
ville de Rouen, et « de pauvres captifs, qui lan-
« guissoient dans les cachotz, reçurent du roy, en
« ces jours bien heureux, la vie et la liberté ».

Henri Stuart, sieur de Bonair, qui avait été
accusé à tort d'être l'auteur d'un pamphlet intitulé
Zézabel, dirigé contre Anne d'Autriche et avait été
emprisonné, fut au nombre des captifs délivrés et
célébra cet évènement dans un ouvrage : « Récit
« véritable de ce qui s'est fait et passé en toute la
« Normandie, à la réception et magnificence royale
« de leurs Majestez » (1650).

Cet historiographe publia d'autres écrits, entr'autres « Les heureux succès de leurs Majestés et les

« captifs libérés dans leur voyage en Normandie »
(1650).

Parmi les princesses qui accompagnaient le roi
et la régente, au cours de leur voyage en Normandie, se trouvait la duchesse de Montpensier, marquise d'Eu, vicomtesse d'Auge et de Domfront, *la
grande Mademoiselle* ; on lit dans ses *Mémoires*,
qu'elle eût une vraie douleur de partir ainsi de
Paris le premier jour de février, « saison qui n'était
pas propre à faire voyage, et qui convenait mieux
à la danse ».

Des appartements pour le roi et la régente avaient
été préparés à l'abbaye de Saint-Ouen ; le cardinal
avait été logé à l'archevêché, ou vinrent le saluer
un président et huit conseillers au Parlement.

Le 6 Janvier, Mazarin écrivait à Le Tellier :

« Jamais peuple n'a témoigné plus de joie à la
« vue de son prince. On croyait que tout Rouen fut
« hors des portes, et cependant toutes les bouti-
« ques et les fenêtres étaient encore remplies de
« monde et outre cette démonstration, toute la nuit
« on a fait des feux de joie, et tous les bourgeois
« l'ayant passée à boire à la santé de Leurs
« Majestés, n'ont ni dormi, ni permis aux autres
« de reposer, à cause des continuels cris et marques
« de réjouissances qu'ils donnaient ».

La Cour resta quinze jours à Rouen ; pendant ce
laps de temps, elle s'employa à pacifier la Normandie, il fallait contraindre la duchesse de Longue-

ville à quitter la province, s'assurer du Hâvre, de Dieppe, du château de Caen, de Granville, de Cherbourg, de Saint-Lô, de toutes les places occupées encore par les partisans des princes et remplacer ceux-ci par des hommes dévoués à la cause royale et ne tenant pas leurs pouvoirs du duc de Longueville.

Des conférences eurent lieu journellement entre le Parlement et le cardinal ; la province fut imposée pour 300.000 livres, le trésor ayant souffert pendant les troubles.

Mazarin tout en dirigeant les détails du Gouvernement, s'acquitta habilement de cette lourde tache, car c'était un rusé politique qui ne négligeait rien lorsqu'il s'agissait de triompher de ses adversaires quels qu'ils soient.

CHAPITRE XI

La duchesse de Longueville se réfugie à Dieppe dont elle fait sa place d'armes. — M. de Montigny. — Inutiles tentatives de la duchesse auprès des Dieppois — Arrivée de Du-Plessis Bellières — La fuite de la duchesse.

La duchesse de Longueville, en quittant Rouen où elle avait reçu un accueil si différent de celui qu'elle espérait, s'était réfugiée le 22 janvier 1650 à Dieppe, où le gouverneur, le sieur de Montigny, était tout dévoué à son mari.

De Montigny, trop heureux de donner cette preuve de fidélité à la duchesse, l'accueillit dans le château et lui fit préparer des appartements ; la duchesse se voyant maîtresse du château de Dieppe, qui dominait la ville et de la cit·delle, qui commandait à l'autre extrémité de la cité, se laissa bercer des plus belles illusions et crut que les habitants ne pourraient tenir longtemps pour la cause royale.

C'est de Dieppe qu'elle écrivit à la reine une lettre dans laquelle elle se plaignait des persécutions dont elle était l'objet de la part du cardinal.

Le prince de Marcillac, le croyant en sûreté, où

du moins feignant de l'y croire, la quitta à Dieppe ;
le temps était-il déjà passé où Marcilllac (plus tard,
duc de Larochefoucauld) enflammé d'un fol amour
pour la duchesse, écrivait pour elle ces jolis vers :

« Pour mériter son cœur, pour plaire à ses beaux yeux,
« J'ai fait la guerre au roi ; je l'aurais faite aux Dieux ».

Mademoiselle de Longueville avait aussi laissé
sa belle-mère à Dieppe et cette dernière restée presque seule avec quelques partisans dévoués à sa
cause, ne désespérait pas encore d'obliger la Cour
à compter avec elle.

Elle fit de Dieppe sa place d'armes et dépêcha
un courrier à la cour d'Espagne, pour qu'on lui
envoyât par Ostende les troupes promises aux princes en cas de guerre civile, puis elle fit rester en
rade un navire sous voiles destiné à l'emmener en
Hollande en cas d'insuccès.

Les bourgeois de Dieppe conçurent une grande
inquiétude, lorsqu'ils apprirent que le dessein de
la duchesse, secondée par le gouverneur Montigny
était de se rendre maîtresse de la cité ; le château
muni de pièces d'artillerie pouvait bombarder leur
ville et la situation était périlleuse.

Les officiers municipaux convoquèrent d'urgence
les notables à l'Hôtel-de-Ville, pour décider sur ce
qu'il y avait lieu de faire ; la majorité penchait
pour rester fidèle au roi et ceux qui avaient con-
seillé de prendre parti pour la duchesse, sous la
menace des canons du château et du fort du Pol-

let, furent enfin d'avis « qu'il valait mieux périr
« que de paraître infidèles au jeune prince qui les
« avait honorés de sa confiance ».

Aussitôt cette décision prise, il fut ordonné à
trois capitaines de la garde bourgeoise de réunir
leurs compagnies et de se rendre aussitôt à la descente du château, pour empêcher toute communi-
cation avec la ville, mais la duchesse de Longueville avertie de l'assemblée des notables, sortit du
château accompagnée par le gouverneur et quelques gentilshommes, pour se rendre à l'Hôtel-de-
Ville.

Dans les *Mémoires chronologiques pour servir à*
l'histoire de Dieppe, l'historien dieppois Desmarquets raconte ainsi qu'il suit l'entrevue de la
duchesse et des Echevins :

« Cette princesse se rendit à l'Hôtel-de-Ville, les
« notables en sortaient et il n'y en restait plus que
« quelques-uns avec les Echevins. Cette duchesse
« leur fit un assez long discours, pour leur prou-
« ver que son dessein n'avait rien de contraire au
« service du roi ; qu'elle ne voulait, par l'union
« des villes qui s'intéresseraient en faveur des Prin-
« ces, que faciliter leur liberté ; ce qui était juste,
« puisqu'ils n'étaient prisonniers d'Etat, que parce
« qu'ils l'avaient voulu servir contre l'étranger
« Mazarin, qui ne méditait que sa ruine ; qu'enfin
« elle ne leur demandait leur concours, que pour
« obtenir cette liberté ; qu'ils seraient les plus

« ingrats des hommes, s'ils refusaient ce service à
« la mémoire du comte de Dunois et de ses descen-
« dants, qui leur avaient rendu tant de bons
« offices ».

« Le sieur Martin, qui était le premier échevin,
« répondit que les citoyens de Dieppe prenaient la
« plus grande part à la détention des princes, mais
« que leur ville appartenait au roi et qu'ils sup-
« pliaient instamment la princesse de ne rien exi-
« ger d'eux, qui pût paraître contraire au service
« qu'ils devaient à sa Majesté ; qu'en toute autre
« chose, la princesse pouvait disposer de leurs
« biens et de leurs personnes ».

« Après lui avoir ainsi parlé, le sieur Martin se
« tourna du côté du sieur de Montigny et lui dit
« avec la noble assurance de la vertu : « Monsieur,
« vous connaissez notre amour pour le roi, ne nous
« mettez pas dans le cas de vous en donner des
« preuves ».

« Le sieur de Montigny ne répondit qu'en balbu-
« tiant quelques mots qui n'exprimaient rien de
« positif. Madame de Longueville et le sieur de
« Montigny remontèrent au château, sans avoir pu
« ébranler la fidélité des bourgeois ».

Ils furent ainsi que leur suite obligés de passer
à travers les trois compagnies qui venaient d'arriver pour en garder la descente, suivant l'ordre de
l'Hôtel-de-Ville. Le sieur de Montigny demanda
alors au plus ancien des trois capitaines, ce qu'il
prétendait faire et par quel ordre ces compagnies

bourgeoises étaient sous les armes, puisqu'il ne
l'avait pas commandé ; ce capitaine lui répondit
que dès l'instant qu'il avait abandonné le parti du
roi, il avait perdu le droit de donner des ordres
aux compagnies bourgeoises ; le sieur de Montigny,
qui connaissait bien les Dieppois et qui savait
parfaitement qu'il eût été imprudent de les insul-
ter lorsqu'ils étaient sous les armes, ne releva pas
cette réponse du capitaine et rejoignit la duchesse
qui montait au château.

Dans « *Un Épisode de la Fronde* », M. Alexandre
Bouteiller, historien dieppois contemporain, relate
aussi cette entrevue de la duchesse et des Echevins:

« La princesse était bien belle et bien persuasive
« en prononçant ce discours, » écrit-il, « mais elle
« s'adressait à des Normands peu enthousiastes et
« réellement dévoués au roi ; aussi en fut-elle pour
« ses frais d'éloquence ».

Cinq compagnies bourgeoises furent mises alors
tous les jours sous les armes ; deux furent postées
en bas de la descente du château ; un autre à la
porte de la *Barre*, la quatrième garda *la porte du
pont et le quai* et la cinquième sur *la grande place*
avec mission de poster des sentinelles aux *portes
de la mer* qui furent fermées « pendant tout ce
« temps d'inquiétude ».

A l'Hôtel-de-Ville, on décida que le *sieur du
Caron*, procureur syndic et deux autres notables se
rendraient au devant du roi qu'on savait en route

pour Dieppe pour lui faire part de la situation de
la ville ; les députés dieppois rencontrèrent la
Cour à Ecouis, et le sieur de Caron harangua de
la sorte le jeune roi :

« Sire, la fidélité des habitants de notre Ville de
« Dieppe a trop d'éclat dans toute la France, et
« dans les nations étrangères, pour manquer l'oc-
« casion qui se présente, d'en donner une nouvelle
« preuve à votre Majesté ; quoique la disgrâce de
« Monsieur de Longueville les ait touchés d'un
« grand déplaisir et que la retraite, en leur ville,
« de Madame de Longueville ait ouvert leurs cœurs
« à la sensibilité de son infortune, cependant ils ne
« se départiront jamais de la fidélité et des devoirs
« que de bons sujets doivent à leur souverain. Les
« gratifications et les privilèges dont vos illustres
« ancêtres ont décoré notre ville, la faveur que
« votre Majesté leur a récemment faite en leur
« confiant la garde de sa personne sacrée, a ajouté
« la tendresse à leurs sentiments de bons sujets ;
« ils assurent votre Majesté que quoique fasse
« Madame la duchesse, ce ne sera jamais que pour
« le service de votre Majesté qu'ils répandront jus-
« qu'à la dernière goutte de leur sang ».

Le sieur de Caron présenta ensuite la copie de
la délibération prise à l'Hôtel-de-Ville, mais la
reine répondit gracieusement que les écrits étaient
inutiles pour assurer le roi de la fidélité des Dieppois.

Les députés présentèrent aussi leurs hommages

au cardinal Mazarin qui fit aux personnes de son
entourage « l'éloge de l'ancienne et actuelle fidé-
« lité des gens de Dieppe ».

Pendant que s'accomplissait ce voyage, Madame
de Longueville avait fait appeler les Echevins au
château de Dieppe et ceux-ci, craignant un piège
de la part de la duchesse, exhortèrent en y mon-
tant, les habitants à rester fidèles au roi.

Madame de Longueville fit tout ce qui était en
son pouvoir auprès des Echevins pour les engager
à prendre parti pour les Princes, mais voyant que
ses exhortations étaient infructueuses, elles les
menaça de faire raser leur ville par les canons du
château et du fort du Pollet.

Le sieur Martin lui ayant répondu que les dieppois préféraient perdre leurs biens et leur vie plutôt que de manquer à leurs engagements, la
duchesse les congédia en décochant au sieur Martin cette insolente apostrophe : « Tu n'es qu'un
« Mazarin fraisé ».

(On sait que la fraise était un collet plissé qui,
par sa forme, avait une certaine ressemblance avec
la fraise de veau.)

Sur ces entrefaites, un grand nombre de gentilshommes du pays de Caux, qui s'étaient déclarés
pour le parti des princes, arrivèrent à Dieppe pour
offrir leurs services à la duchesse de Longueville
et essayèrent de surprendre, dans la nuit qui suivit leur arrivée, la garde bourgeoise la plus proche du château, mais celle-ci, soutenue par trois

autres compagnies, fit feu sur les gentilshommes
qui furent contraints « de remonter au château
« plus vite qu'ils n'en étaient descendus ».

A l'Hôtel-de-Ville, on décida alors de mettre
sous les armes une sixième compagnie bourgeoise,
afin de porter secours en cas de besoin aux autres
compagnies.

Un des députés envoyés au devant du roi, étant
revenu en toute hâte à Dieppe, annoncer que le
roi était entré à Rouen, les échevins envoyèrent
deux notables chargés d'assurer à nouveau le
jeune monarque de la fidélité des dieppois « et lui
« demander un chef et des officiers pour les com-
« mander dans la ville, avec assurance qu'ils lui
« obéiront en tout et les défendront au péril de
« leur vie. » (Lettre de Mazarin à Le Tellier, 8 février 1650).

Ce fut le marquis du Plessis-Bellière, maréchal
de camp des armées du roi, que la Cour choisit
pour commander à Dieppe, en remplacement de
M. de Montigny ; son arrivée fut annoncée aux
habitants par les députés qui revenaient de Rouen.

Mazarin, dans la lettre du 8 Février, citée plus
haut, ajoute : « Cependant comme Madame de
« Longueville fait entendre aux habitants qu'elle
« ne s'est retirée là que pour être en sûreté, sa
« Majesté y a envoyé le sieur de Varennes, avec
« un ordre à la dite dame de se retirer à Trie ou à
« Coulommiers, lui donnant parole qu'elle pourra
« le faire en toute sûreté. »

Les échevins, désireux avant tout d'éviter une effusion de sang, délibérèrent pour savoir quelles mesures il convenait de prendre et il fut décidé que les compagnies bourgeoises traverseraient en armes la cité, le jour de l'arrivée de l'envoyé du roi ; que le soir on allumerait de grands feux de joie, que les habitants illumineraient leurs maisons, que les canonniers tireraient trois décharges d'artillerie avec les pièces de la ville et qu'on répandrait le bruit de l'arrivée de Louis XIV à Dieppe.

Le jour même, c'était le 8 Février, la nouvelle fut portée au Château et la duchesse de Longueville vit avec étonnement la foule se presser à la porte de la Barre pour assister à l'arrivée du Roi dans la ville.

Le marquis du Plessis-Bellière, informé du stratagème inventé par les échevins, approuva leurs dispositions et, le soir, il fit son entrée dans la ville par la porte de la Barre, entouré du marquis de Burnouville, du vicomte de Gand, du sieur de Saint-Agnan, du chef d'escadre Du Quesne et des gardes du cardinal Mazarin.

Le peuple, persuadé que c'était le monarque lui-même qui entrait dans la cité, criait : Vive le Roi !

L'arrivée de Duplessis-Bellière à Dieppe est relatée dans une lettre écrite le 9 Février, par Colbert, qui était à cette époque attaché au Secré-

taire d'Etat Le Tellier et avait suivi Mazarin en
Normandie. Colbert écrivait à Le Tellier :

« Hier, fort tard, sur les six heures du soir, le
« sieur du Plessis-Bellière arriva dans Dieppe
« (par une porte que deux des députés de la dite
« ville, qui partirent cinq ou six heures devant
« lui,lui tinrent ouverte) avec des acclamations et
« des cris de : Vive le Roi ! très extraordinaires.
« Les fenêtres mêmes étaient éclairées de beaucoup
« de chandelles qui chassaient toute l'obscurité
« de la nuit. A l'heure même tout le peuple
« courut à l'Hôtel de ville pour l'entendre et en-
« suite, sans perdre de temps, chacun se mit sous
« les armes. Après les portes fermées, le Major
« s'étant voulu saisir des clés pour les porter au
« château, il en fut empêché par le Majeur des
« Echevins, et sur cela, un soldat ayant voulu
« mettre l'épée à la main, il fut tué d'un coup de
« pistolet par un des dits échevins. Ensuite, tous
« les bourgeois ont travaillé toute la nuit passée,
« avec toute la chaleur imaginable à se barricader
« contre le château et contre le fort du Pollet. »

(Le fort du Pollet n'existe plus de nos jours ;
on peut encore en voir la reproduction sur de
vieilles estampes à la bibliothèque de la ville où
chez certains dieppois qui les collectionnent avec
soin.)

Le stratagème inventé par les échevins réussit à
merveille ; Madame de Longueville, persuadée

que le roi faisait son entrée dans la ville, ne pensa
plus qu'à fuir au plus vite et quitta le château
par la porte de secours ; elle avait fait tenir à
l'ancre, ainsi qu'on l'a vu précédemment, un vais-
seau que commandait le capitaine Daniel, et espérait s'embarquer au large.

Du Plessis-Bellière, déjouant son plan de retraite, fit occuper la plage et les alentours du
château par les compagnies bourgeoises ; on sait
par les recherches faites sur la vie de Duquesne
que celui-ci fut envoyé au capitaine Daniel, qui
s'engagea par serment à remettre la duchesse aux
mains du marquis, dans le cas où elle parvien-
drait à s'embarquer sur son navire.

Colbert et Madame de Motteville tout en faisant
mention de cet incident dans leurs lettres, ne
désignent pas Duquesne comme étant cet envoyé.

Madame de Longueville s'enfuit à cheval à
Pourville et essaya de gagner le rivage, mais
la mer était houleuse et la barque dans laquelle la duchesse se réfugia, ne put approcher
du navire ; un marin s'étant offert pour la porter
sur ses épaules, la laissa tomber dans les flots.

Madame de Motteville, dans ses mémoires, relate
cet incident fameux de la vie de sa belle-mère :

« Sans compter que ceux de Dieppe, qui ont de
« très grands priviléges, qu'ils craignoient de
« perdre, la voulurent encore faire jeter dans la
« mer par leurs matelots. »

Madame de Motteville raconte aussi que le patron du navire, soudoyé par Mazarin, devait, si elle eût gagné son bord, la livrer aux agents de ce dernier.

Le bruit de ce vilain tour joué par les matelots, s'était accrédité à Rouen, car dans une lettre du 11 février, écrite par Colbert à Le Tellier, il est dit : « Les matelots eurent la malice de faire un trou à « cette barque pour lui faire prendre l'eau. »

Madame de Longueville, mouillée jusqu'au os, transie de froid, mais ne voulant à aucun prix tomber entre les mains des agents du cardinal, se réfugia au hameau de Pourville, situé à environ une lieue de Dieppe.

Les noms de ceux qui accompagnaient la duchesse par cette nuit fameuse, sont révélés en partie par les lettres de Mazarin, et les mémoires de Lenet ; on cite La Roque, capitaine des gardes de Condé ; de Chamboy, ancien gouverneur de Pont-de-l'Arche ; Alexandre Campion, Henri Taillefer, sieur de Barrière, Saint-Ibal, Saint-Romain, le poète Sarrazin, etc.

A Pourville, le bon curé de la paroisse, l'abbé Letellier, offrit à la duchesse un asile dans son humble presbytère ; les fugitifs avaient choisi la maison qui avait meilleure apparence pour y demander l'hospitalité, car ils ignoraient la demeure devant laquelle ils s'arrêtaient ; cette maison était justement celle du curé, mais le prêtre

qui l'habitait était un des plus pauvres curés de
France, il n'avait même pas de feu chez lui pour
réchauffer les membres glacés de la princesse et
de ses compagnons et il alluma un grand feu de
paille, car le bois manquait totalement au presbytère.

Quand la princesse fut un peu réchauffée « elle
« fit honneur aux maigres provisions de la cure »,
dit M. A. Bouteiller, « les gens de sa suite mirent
« à sec le cellier ; le curé, qui était un fort brave
« homme, se montra tout le temps de bonne
« composition. ».

La duchesse de Longueville passa le reste de la
nuit au presbytère de Pourville et elle n'oublia
pas, par la suite, l'asile qui lui fut offert au cours
de cette nuit mémorable ; lorsque les guerres furent
terminées et qu'elle put rentrer en possession de
ses biens, elle tint à perpétuer le souvenir de la
réception du brave prêtre, en lui allouant une
pension de deux cents livres sur une terre de Picar-
die ; chaque année, le 9 février, elle fit remettre au
curé deux cents fagots par les soins des receveurs
de sa terre de Hautot, qui dépendait de la Chatel-
lenie de Longueville.

Desmarquets, dans ses mémoires chronologiques
nous apprend que « dès que le jour parut, un na-
« vire qu'on voyait depuis plusieurs jours sur les
« côtes de Dieppe, envoya sa chaloupe à terre, sur
« le signal qui lui fut donné, et Madame de Lon-
« gueville s'y embarqua pour rejoindre ce navire. »

Par contre, dans une lettre de Mazarin, du 11 février, au duc de Mercœur, il est dit que la duchesse erra sur les côtes de Normandie et se tint cachée pendant plusieurs jours aux environs du Hâvre, dans l'espoir que ses anciens amis, le duc et la duchesse de Richelieu, lui en ouvriraient les portes, mais que, trompée dans son attente, Madame de Longueville en fut réduite à s'embarquer sur un navire qui la transporta en Hollande.

Si les auteurs ne sont pas tous d'accord sur les péripéties qui suivirent la fuite de la duchesse du château de Dieppe, il y a quelque chose de certain, c'est que le 20 février 1650, elle débarquait à Rotterdam, d'où elle alla rejoindre Turenne à Stenay.

CHAPITRE XII

Reddition du Château de Dieppe — Deux lettres de Louis XIV — Lettre de Mazarin au duc de Richelieu — Succès diplomatiques du Cardinal — Soumission du Hàvre.

Le marquis Du Plessis-Bellière qui ignorait au début de son arrivée à Dieppe la fuite de la duchesse de Longueville, mit à profit l'affolement causé par la nouvelle de l'arrivée du Roi et marcha à l'assaut du Château, à la tête de six compagnies bourgeoises, ayant avec elles deux gros canons.

Le sieur de Montigny, découragé par la fuite de la duchesse, savait bien que les dieppois ne se laisseraient pas influencer par les menaces et voyait que toute résistance était inutile ; il demanda deux jours qui lui furent accordés, les bourgeois se retirèrent et à la suite du délai demandé, le château fut remis à M. Du Plessis-Bellière.

Le comte d'Harcourt, gouverneur de la province de Normandie, qui y avait été maintenu pour y commander sous l'autorité du Roi, pendant la disgrâce de M. de Longueville, nomma M. Du Plessis-Bellière, gouverneur de Dieppe et le sieur Des Rocques comme lieutenant du roi.

Le 11 Février, Colbert écrivit à Le Tellier :

« Le sieur du Plessis-Bellière fut avant-hier (9 fé-
« vrier) maître absolu du château et du fort du
« Pollet de Dieppe, le peu qu'il y avait de garni-
« son en étant sorti et s'étant débandé aussitôt, on
« a appris des officiers qui étaient dans ces places
« qu'aux cris de joie que tout le peuple de cette
« ville fit à l'entrée du sieur Du Plessis, les soldats
« qui étaient en garnison dans le dit château,
« mirent bas les armes et les jetèrent au bas de la
« muraille pour se sauver. »

Louis XIV, pour reconnaître la fidélité des Dieppois à son égard et les en remercier, envoya les
deux lettres suivantes, l'une au gouverneur de la
ville, l'autre aux échevins :

« A Monsieur Du Plessis-Bellières, maréchal de
« camp en mes armées, et commandant pour mon
« service, en ma ville de Dieppe. »

« Monsieur Du Plessis-Bellières, la fidélité que
« les habitants de ma ville de Dieppe ont toujours
« témoigné avoir au bien de mon service, méritant
« une récompense proportionnée à leur affection ;
« je leur écris la lettre que vous trouverez ci-jointe
« et vous fais celle-ci par l'avis de la Reine régente,
« Madame ma mère, pour vous dire que vous ayiez
« à leur rendre, en pleine assemblée de ville, pour
« en être fait lecture, afin que chacun sache la
« satisfaction qui me demeure de la bonne con-

« duite qu'ils ont tenue en la dernière occasion
« qui s'est présentée en ladite ville, et que j'en
« conserverai la mémoire, pour les en reconnaître
« en tant ce qui s'offrira pour leur bien et avan-
« tage. Sur ce, je prie Dieu qu'il vous ait, Mon-
« sieur Duplessis, en sa sainte garde. Ecrit à Rouen,
« le dix-huit de Février mil six cent cinquante. »
Signé : « LOUIS. » *Et plus bas :* « PHELIPPEAUX. »

« *A nos Chers et Bien-Amés les Maire, Conseil-*
« *lers, Echevins, Procureur-syndic et Habitants de*
« *notre ville de Dieppe.* »

« Chers et Bien-Amés, »

« Il vous est si ordinaire de donner des marques
« de votre fidélité au bien de cet Etat et d'acqué-
« rir, par ce moyen, autant de mérite que d'hon-
« neur, qu'il nous semble aussi difficile de pré-
« tendre autre chose de votre part, que de vous
« donner de la nôtre, de nouvelles preuves de l'af-
« fection que nous vous portons. Nous ne laissons
« pourtant pas, quoique les Rois, nos prédéces-
« seurs aient été liberaux de leurs grâces envers
« ceux qui les ont bien méritées, de conserver le
« souvenir de ce que firent vos pères, lorsque
« notre aïeul combattit pour sa gloire, pour sa vie
« et enfin pour le salut de la France, aux environs
« de vos murailles ; et Nous voyons, par la suite
« de vos actions, que comme vous avez été héri-
« tiers de leurs biens, vous l'avez été aussi de leur
« zèle au service de leur souverain qui, ayant suc-

« cédé à la couronne de son père, a pareillement
« succédé à l'amour qu'il vous portait ; comme
« vous Nous l'avez fait voir en la dernière occasion
« qui s'est présentée depuis peu en notre ville de
« Dieppe, que votre fidélité est à l'épreuve de tous
« les artifices de la corruption, et qu'il est impos-
« sible d'arracher de vos cœurs, les respects que
« vous devez à votre Roi ; Nous avons résolu pour
« vous témoigner la satisfaction qui nous en de-
« meure, de vous faire jouir pleinement de vos
« privilèges, de vous les confirmer et de les aug-
« menter, s'il vous en reste à désirer ; afin que la
« postérité sache que nous avons été aussi recon-
« naissant en votre endroit, que les Rois nos ancê-
« tres, et que vous n'avez pas moins mérité de
« Nous, que les vôtres avaient fait d'eux. Vous con-
« serverez en vos archives cette lettre que Nous
« vous faisons, de l'avis de la Reine régente, notre
« très honorée dame et mère, afin que vos enfants
« la montrant aux Monarques qui nous succède-
« ront, les excite à les avoir en la même considé-
« ration que Nous vous avons, et que vous l'avez
« mérité. Cependant Nous vous assurons que du-
« rant le cours de notre règne, Nous serons
« soigneux de vous départir les effets de notre
« bienveillance, et toutes les faveurs qui pourront
« contribuer à votre avantage, et à l'accroissement
« et richesse de votre ville. Donné à Rouen, le dix-
« huitième jour de Février mil six cent cinquante.
« *Signé :* « LOUIS ». *Et plus bas :* « PHELIPPEAUX. »

Le roi accorda en outre des titres de noblesse aux Echevins en exercice et à plusieurs capitaines des compagnies bourgeoises de Dieppe.

Le Hàvre n'opposa pas de résistance au roi ; le duc de Richelieu, dès le 6 février, avait envoyé à Rouen, son frère, l'abbé de Richelieu, afin de négocier avec la Cour.

Le même jour, Mazarin écrivit à Le Tellier :

« L'on oubliera rien pour se bien assurer du
« Hàvre. Enfin, puisque leurs Majestés sont venues
« en cette province pour y bien établir l'ordre et
« la tranquillité, on y travaillera avec toute l'appli-
« cation possible et l'on tâchera de pourvoir à
« toutes choses, en sorte qu'il n'y arrive plus de
« troubles à l'avenir et que l'on puisse être hors
« d'inquiétude.»

Le duc de Richelieu prétexta une maladie pour ne pas se rendre lui-même à Rouen, où il craignait pour sa liberté ; Mazarin, qui le pressait de venir auprès du roi, lui écrivit le 11 février :

« Je suis bien marri que votre mal augmente et
« continue ainsi à vous empêcher de venir rendre
« en personne vos devoirs à leurs Majestés, comme
« il serait à souhaiter par toutes sortes de raisons,
« que vous eussiez déjà fait, mais tous les mauvais
« offices qu'on pourrait tâcher de vous rendre là-
« dessus ne seront jamais capables de me persua-
« der que vous puissiez avoir la moindre pensée
« contre ce que l'on doit attendre du neveu et de

« l'héritier de celui *(le cardinal de Richelieu)* qui,
« par sa fidélité et son zèle au service du roi, s'est
« encore rendu plus recommandable que par
« toutes ses autres grandes qualités, quand je n'au-
« rais pas la forte inclination que j'ai toujours eue
« à vous servir, les obligations que j'ai à la mé-
« moire de M. le Cardinal, votre oncle, me sont
« trop présentes pour pouvoir manquer à ce qui
« peut être de mon devoir envers celui qui porte
« son nom, et ceux qui veulent vous donner des
« soupçons, au contraire, pèsent encore plus en
« sottise qu'en mauvaise volonté ; si dans les com-
« mencements de la régence, lorsque le peu de
« crédit qu'il a plu à la bonté de la reine de me
« donner auprès d'elle était encore mal établi, je
« n'ai pas hésité de mettre en compromis toute ma
« fortune pour soutenir la vôtre et celle de votre
« maison contre les puissants ennemis qui faisaient
« leurs efforts pour la détruire, jusqu'à méditer en
« tout cas ma retraite plutôt que d'être spectateur
« des disgrâces qu'on vous préparait, vous avoue-
« rez je m'assure, qu'il n'y a pas apparence que
« vous deviez maintenant vous promettre de ma
« reconnaissance moins d'affection pour ce qui
« vous regarde. »

« Quand à votre mariage, contre lequel on veut
« vous persuader que je travaille avec tant de soin,
« il est certain néanmoins que je n'ai pas été inu-
« tile à empêcher que Madame votre tante ne se
« soit pourvue en Justice. »

Mazarin, dans un autre passage de ses carnets, s'exprime ainsi au sujet du duc de Longueville qui avait voulu s'emparer du Hâvre :

« Il aurait grand tort à me croire si lâche que de « vouloir être l'instrument de la ruine de celui qui « porte le nom et est l'héritier de mon bienfaiteur. »

Il fallait pourtant que le cardinal pût convaincre le duc de Richelieu et pour cela, il lui fallait obtenir pour la duchesse sa femme, le fameux tabouret qui lui avait été retiré à la Cour par la Reine-Régente.

C'était reconnaître la légitimité du mariage du duc et de la duchesse, et blesser par cela même l'orgueil de la duchesse d'Aiguillon, aussi Mazarin envoya-t-il auprès de cette dernière, Le Tellier, pour négocier cette affaire si délicate.

La duchesse d'Aiguillon se montra fort disposée à enlever la place du Hâvre au jeune duc, mais lorsqu'il fut parlé d'accorder un tabouret à la Cour à la duchesse de Richelieu, la duchesse d'Aiguillon, hautaine et vindicative, protesta avec véhémence contre cette solution et supplia Le Tellier d'intercéder auprès du roi pour qu'il ne donnât pas le tabouret, du moins pendant la durée du procès en cours, relatif à l'annulation du mariage de celle qu'elle désignait encore sous le nom de Madame de Pons.

Les négociations concernant le duc et la duchesse de Richelieu se prolongèrent quelques temps encore, mais tout cela finit par la soumission au roi de la place du Hàvre et la reconnaissance du mariage du duc et de Madame de Pons, ainsi qu'on le verra plus loin.

⁂

Gaston d'Orléans, que Le Tellier tenait au courant de toutes les phases du voyage de la Cour en Normandie, était le premier à se réjouir des succès diplomatiques du cardinal Mazarin ; la preuve en est dans cette lettre du 11 février, écrite par Le Tellier au premier ministre :

« Je rendis compte hier à son Altesse Royale des
« nouvelles de ce qui se passe en Normandie, dont
« les trois lettres de votre Eminence, du 9, faisaient
« mention, qui les reçut avec toute la joie que
« votre Eminence avait prévue, et fut aussitôt en
« donner part à Madame, m'ayant fait l'honneur
« de me dire que ces succès arrivés en Normandie
« et l'affaire de Damvilliers (*celle ville s'était sou-*
« *mise aux envoyés royaux*) étaient la ruine du
« parti contraire. Elle ajouta aussi que ces avan-
« tages étaient dus à la prudence et à l'activité de
« votre Eminence, et que la reine n'aurait jamais
« pu confier la conduite des affaires de l'Etat à
« personne qui les fit succéder *(réussir)* plus glo-
« rieusement, ni qui eut plus d'affection et si peu
« d'intérêts personnels. Ce que son altesse me dit
« tout bonnement en exagérant les *mauvaises* ren-

« contres *(ce mot s'employait au XVII· siècle dans*
« *les deux genres)* que votre Eminence avait *eus*
« sans y avoir contribué, et qu'elle avait plaisir de
« voir que chacun se détrompait des impressions
« contraires, que les brouillons avaient voulu jeter
« dans les esprits. »

CHAPITRE XIII

Reddition de Caen — La famille de Matignon — Pacification de la province — Pierre Corneille procureur syndic à Rouen — Le château de Pont de-l'Arche — La Cour quitte la Normandie.

Mazarin ne se contenta pas d'assurer au roi la fidélité de la Haute-Normandie, il entama des négociations pour que la Basse-Normandie complétât ses succès.

Au château de Caen commandait Le Blanc de la Croizette, un des partisans du duc de Longueville, le Cardinal négocia la reddition de cette place ainsi que le prouve cette lettre écrite par lui le 9 février, à Le Tellier :

« La personne que j'avais employée pour ména-
« ger la Croizette est de retour. L'affaire est ajustée,
« on y envoie un enseigne des gardes avec quatre-
« vingts hommes, pour tenir garnison dans le
« château.

« On a promis douze mille écus comptant, pour
« le paiement de la vieille garnison de l'année der-
« nière (1649) dont la Croizette avait déjà les assi-
« gnations. »

D'après Floquet, le mot assignation veut dire, dans l'esprit du Cardinal, mandats de payement assignés sur un fonds déterminé.

Mazarin ajoutait aussi une grande importance à s'assurer des membres de la famille de Matignon dont l'influence était grande dans la Basse-Normandie.

Pendant le séjour de la Cour à Rouen, les plaintes furent nombreuses contre cette famille.

En 1649, M. de Matignon, comte de Torigny, avait été un ardent frondeur, son frère Léonor de Matignon, évêque de Lisieux, avait joué dans le Pays d'Auge un rôle des plus suspects et on accusait encore le premier d'avoir continué les hostilités après la paix de Rueil ; la femme de M. de Matignon, Anne Malon de Bercy, était comprise également dans les plaintes, on en peut lire la preuve dans les *Lettres de Mazarin*, carnet XIV, page 30 : « L'on a fait des plaintes contre Madame « de Matignon, et son mari exigea dix jours durant « la taille après la paix faite et le *Te Deum* chanté « et fit mille actes d'hostilité. »

Il fut enjoint à M. de Matignon de se rendre à Rouen, en sa qualité de lieutenant général du gouvernement de Basse-Normandie, et le 10 février, il vint présenter ses hommages au roi et remit entre les mains du jeune monarque les trois places dont il avait le gouvernement particulier, Saint-Lô, Cherbourg et Granville.

« De sorte, ajoute le Cardinal dans ses carnets,

« que voilà, en moins de cinq jours, les huit places
« dont on pouvait douter, assurées au roi, autant
« qu'aucunes autres de son royaume. »

Les huit places dont parle Mazarin étaient celles
de Rouen, Dieppe, Le Hàvre, Pont-de-l'Arche,
Caen, Cherbourg, Saint-Lô et Granville.

Au nombre des griefs formulés contre M. de
Matignon, se trouvait celui d'avoir assiégé Valognes en 1649 et d'avoir enlevé le gouvernement
de cette place à Henri-Robert Gigault de Bellefonds, qui fut le père du maréchal de Bellefonds.

On chassa le gouverneur du château de Carentan, qui était un partisan du duc de Longueville
et de la famille de Matignon et le château fut rasé.

Dans le carnet XIV, Mazarin écrit : « Déposséder
« le gouverneur de Carentan, c'est un méchant
« homme ; raser le château. »

Avant de quitter la Normandie, le Cardinal fit
ordonner des mesures destinées à amener la tranquillité dans la province, si troublée par les exactions des bandes armées.

La plupart des officiers auxquels le duc de Longueville avait confié le commandement des troupes et des milices bourgeoises furent remplacés ;
le marquis de Beuvron, gouverneur de la citadelle
de Rouen, qui était suspect à plus d'un titre et
qu'on accusait non seulement d'avoir montré de
la déférence envers la duchesse de Longueville à
Rouen, mais qu'on rendait encore responsable de

la faute de son fils, le marquis d'Eclot, qui avait laissé en 1649, le duc pénétrer dans le vieux Palais fut remplacé par le marquis de Fourilles, lieutenant d'une compagnie aux gardes.

La garnison du vieux Palais fut enlevée et quatre-vingts suisses de la garde du roi furent envoyés pour la remplacer.

Au sujet des changements apportés à Rouen, on peut lire de curieux détails dans une lettre de Mazarin à Le Tellier. « On a destitué, écrivait-il à « ce dernier, le capitaine des arquebusiers, fait par « M. de Longueville et divers autres capitaines et « officiers faits aussi par lui et entre autres un « Conseiller du Parlement qui était son parent. « Le sieur de la Marguerie est allé au Parlement « pour leur faire savoir les intentions du roi. Les « Chambres assemblées ont résolu, d'une voix, « d'obéir à tout ce que sa Majesté ordonnerait. On « a destitué le major de la ville, qui est le lieute-« nant du vieux Palais, pensionnaire de M. de « Longueville, on le remboursera de dix mille « livres que sa charge lui coûtait et on y pour-« voiera d'une autre personne. On a ôté à un autre « Conseiller, parent aussi de M. de Longueville, « une porte fortifiée, et on remit la garde à la ville « qui, conformément à l'usage ancien, y établit un « échevin. »

« On a fait de même du fort qui est au bout du « pont, que M. de Longueville avait fait fortifier. « Tout cela s'est passé avec grands applaudisse-

« ments de toute la ville, qui voit qu'on remet
« toutes choses dans l'ordre ancien et qu'on a en-
« tière confiance aux habitants. »

Le fort, qui est désigné plus haut par Mazarin,
était appelé Barbacane et formait la tête du pont
de Rouen du côté du faubourg de Saint-Sever.

La Fontaine du Pin, sergent-major de la ville,
Plénoche et Montenay, créatures du duc de Longueville qui commandaient l'un le fort de la Barbacane et l'autre celui de la porte cauchoise, furent
remplacés par Lignerolles, Pouchet et de Brève-
dent de Sahurs, dans leurs commandements res-
pectifs.

Le Procureur au Parlement, Roquette, qui était
regardé comme suspect, fut remplacé par Bazin ;
Baudry, procureur syndic des États de Normandie
dont la sympathie pour la maison de Longueville
avait porté ombrage au roi, fut destitué et Corneille
nommé en son remplacement.

La nomination du grand poète normand a été
mise en lumière par Floquet dans son *Histoire du
Parlement de Normandie* et le texte de cette nomination a été publié par M. de Beaurepaire dans le
tome III des cahiers des *États de Normandie*, pages
334 et 335.

Ce fut le 15 février 1650 que Pierre Corneille
obtint cette charge par délégation royale ; il est
dit dans l'acte de nomination du poète :

« Sa Majesté ayant, pour des considérations im-
« portantes à son service, destitué, par ordonnance

« de ce jourd'hui, le sieur Baudry de la charge de
« Procureur des Etats de Normandie et étant né-
« cessaire de la remplir de quelque personne ca-
« pable et dont la fidélité et l'affection soit connue,
« sa dite Majesté a fait choix du sieur de Corneille,
« lequel, par l'avis de la reine régente, sa mère,
« elle a commis et commet à la dite charge au lieu
« et place du dit sieur Baudry, pour dorénavant
« l'exercer et en faire les fonctions jusques à la
« tenue des Etats prochains et jusqu'à ce qu'il en
« soit autrement ordonné par sa dite Majesté, la-
« quelle mande et ordonne à tous qu'il appartien-
« dra de reconnaitre le dit sieur de Corneille en la
« dite qualité de Procureur des dits Etats sans
« difficulté. Fait à Rouen, le 15ᵉ jour de Février
« 1650. Signé LOUIS, et plus bas, *de Lomenie.* »

La charge de procureur syndic des Etats de
Normandie avait une importance très grande car
ce magistrat, élu et mandataire des députés de la
province, était chargé pendant l'intervalle des ces-
sions de veiller à l'exécution des décisions du Parlement.

Les écrivains frondeurs blamèrent par leurs
écrits la nomination de Pierre Corneille ; aussi
dans l'*Apologie particulière pour le duc de Longueville,* dont il sera encore parlé plus loin, Mazari-
nade publiée en 1650, on lit :

« Baudry a du moins cette consolation dans sa
« disgrâce, qu'on ne lui a ôté la protection du

« peuple, que parce qu'on le veut impunément
« opprimer, et qu'il n'a pas failli dans sa charge.
« En effet on lui a donné un successeur qui sait
« fort bien faire des vers pour le théâtre, mais
« qu'on dit assez fort mal habile pour manier les
« grandes affaires, bref il faut qu'il soit ennemi du
« peuple, puisqu'il est pensionnaire de Mazarin. »

.·.

Le château de Pont-de-l'Arche, dont les rouennais avaient demandé au roi la destruction, fut
rasé après avis de Gaston d'Orléans et des maré-
chaux Schomberg, de l'Hopital et du Plessis-
Praslin.

Mazarin régla le 16 février la situation du Hàvre;
la lettre écrite par lui à Le Tellier, le 17 du même
mois, en fait mention :

« Nous accomodâmes hier l'affaire du Hàvre ;
« on a fait tomber présentement le commande-
« ment à Sainte-Maure ; et je vous assure qu'il n'a
« pas fallu peu d'adresse pour cela, parce que
« Mme de Richelieu y avait grande répugnance ;
« M. de Richelieu et Madame viennent à Paris
« avec l'abbé (de Richelieu). Sainte-Maure a donné
« toutes les assurances possibles de sa fidélité,
« ayant donné sa parole d'obéir aveuglément à
« tout ce qui serait ordonné par le roi. »

Le Cardinal ajoutait un peu plus loin dans cette
lettre :

« Son Altesse Royale jugera, qu'après avoir as-
« suré toutes ces places, ce n'est pas avoir peu fait
« encore d'avoir obligé M. et Mme de Richelieu,
« MM. de Matignon, de Beuvron et de Lisieux,
« (Léonor de Matignon, évêque, comte de Lisieux),
« de venir à Paris, et cela sans bruit ni réclame. »

D'après *Morosini*, le Cardinal aurait tiré de la
Normandie des avantages pécuniaires fort importants ; il parle de neuf cent mille écus ; Floquet
donne seulement dans son *Histoire du Parlement
de Normandie*, trois cent mille livres imposées sur
les généralités de Rouen, Caen et Alençon.

Les neuf cent mille écus, cités par *Morosini* auraient été employés, d'après ce dernier, de la manière suivante : cinq cent mille pour soulager la
misère publique ; trois cent mille pour rembour-
ser les charges du semestre, et cent mille que la
reine régente donna à Mazarin en récompense des
services rendus par lui et pour le dédommager du
pillage de son mobilier pendant les dernières
émeutes.

La Cour qui avait quitté Rouen le 20 février,
arriva à Paris le 21.

CHAPITRE XIV

La duchesse de Longueville publie des apologies de sa conduite — Réponse de la Cour — La duchesse de Richelieu admise à la Cour — Bourgeois anoblis à Rouen et au Hâvre — Complot pour la délivrance des Princes — Voyage de la Cour à Bordeaux — Les princes transférés au Hâvre.

La duchesse de Longueville qui avait gagné la Hollande s'entendit avec Turenne, traita avec l'Espagne et consacra tous ses efforts à la délivrance des Princes, elle publia des apologies de sa conduite ; ces nombreux écrits, dûs à l'inspiration de la duchesse et des partisans des Princes, soulevèrent par toute la France un vif sentiment d'indignation contre Mazarin, qui supporta tout le poids du ressentiment du peuple.

Au nombre de ces pamphlets, de ces éloges, on peut citer *Apologie pour MM. les Princes*, que la duchesse adressa au parlement de Paris ; *Apologie particulière pour M. le duc de Longueville*, par un gentilhomme breton (publiée à Amsterdam) ; un ouvrage de Condé intitulé : *Réponse de Monseigneur le Prince et ses très humbles remonstrances, faites au Roy, à la Reine-Régente et à la France sur le*

9

sujet de sa détention, destiné à attirer la pitié sur la situation de Condé et de Longueville, ses compagnons de captivité qu'il montrait « *dans le chagrin et une profonde mélancholie.* »

Le roi lança une déclaration dénonçant la duchesse de Longueville comme criminelle de lèse-Majesté.

C'est alors que le poète Sarrasin dédia à la duchesse le sixtain suivant :

> Objet en tous lieux adoré,
> Et la Reine et son fils ont dit et déclaré
> Que vous estes une rebelle
> Vénus et Cupidon en ont bien dit autant,
> Avec Anne et Louis vuidez vostre querelle,
> Mais au moins contentez Vénus et son enfant.

Des lettres patentes avaient été rendues à l'égard de Turenne, de Brézé, de Bouillon, de Marcillac.

D'un autre côté, le jeune duc de Richelieu voyait son mariage reconnu et sa femme était admise à la Cour, où on lui accordait enfin le tabouret qui avait donné lieu à tant de pourparlers avec la duchesse d'Aiguillon.

Au Hàvre et à Rouen, plusieurs notables furent anoblis par Louis XIV, comme il avait été fait à Dieppe, et les membres du Parlement de Normandie reçurent tous des lettres d'anoblissement.

.˙.

En Août 1650, un complot se forma en Normandie pour la délivrance des trois princes enfermés à Vincennes, pendant que dans la Guyenne la princesse de Condé (Claire-Clémence de Maillé), soulevait les Bordelais et les gagnait à la cause des Princes.

Le Tellier, le 30 Juillet 1650, confirmait par une dépêche au Cardinal le complot ourdi en Normandie :

« Les avis qu'on donne à votre Eminence de ce
« qui se passe en Normandie sont véritables, étant
« certain qu'il s'y trame quelque chose de grand,
« mais je suis trompé si l'arrêt qu'a fait faire le
« comte d'Harcourt de la personne d'Autouville,
« d'un côté, qui a été mis dans le château de Caen,
« et de du Bosq, de l'autre, qui a été mis dans le
« vieil Palais (vieux Palais de Rouen) n'en arrête-
« ront point le cours. »

Mazarin lui répondit en marge, au crayon :

« L'emprisonnement des deux personnes est fort
« bon et s'il sera suivi de celui de Mme de Flava-
« court et de la R. *(illisible)* fera encore plus d'effet,
« enfin, il ne faut rien épargner, car on ne nous
« épargne pas. »

Mme de Flavacourt, dont parle le Cardinal dans sa réponse, était la femme du marquis de Flavacourt, grand bailly de Gisors, et la sœur de Henri Taillefer, sieur de la Barrière, un des compagnons de la duchesse de Longueville.

On connait en détail les projets des partisans des princes, par un mémoire adressé au comte d'Harcourt, gouverneur de Normandie, qui révèle les relations des conspirateurs avec l'Espagne.

Cette puissance promettait un secours de mille hommes qui devaient débarquer sur les côtes normandes, entre Grandville et Cherbourg, le document ajoutait :

« Ils seront conduits par La Roque, capitaine
« des gardes de M. le Prince. Leur premier effort
« sera contre Granville ou Cherbourg. M. de
« Malignon a promis de sortir de Paris pour don-
« ner, par sa présence, chaleur aux affaires et pour
« commander ces troupes. M. de Dampierre, fils
« de Longaulnay, se doit jeter dans Carentan dont
« son père est gouverneur et par ce moyen occuper
« le Pont de Douvre, qui est fort proche, qui est
« un passage très important et le seul commode
« pour entrer dans le Contentin de ce côté-là. »

On apprit que Mademoiselle de Longueville fournissait des subsides pour permettre de faire des levées d'hommes en Normandie et que les conspirateurs songeaient à s'emparer de Honfleur, dont le père de M. de La Roque avait été longtemps gouverneur.

MM. de Matignon furent arrêtés à Paris où le Cardinal les avait attirés, Mademoiselle de Longueville fut exilée à Coulommiers et le comte d'Harcourt exerça une telle surveillance sur la Normandie que le complot fut étouffé.

Les meneurs ne purent empêcher pourtant la

noblesse normande de se montrer hostile à Mazarin, qui devinait dans cette lutte sourde contre lui, l'influence du cardinal de Retz, car ce prince obtenait bientôt, malgré Mazarin, la mise en liberté des Matignon et l'autorisation pour Mademoiselle de Longueville de revenir à Paris.

Le 29 Août, les Princes furent transférés de Vincennes à Marcoussis et les attaques contre le Cardinal redoublèrent de violence, des placards furent même affichés sur les murs de Paris par les partisans des Princes.

A Bordeaux, le maréchal de la Meilleraie mettait le siège devant cette ville où la Cour entra le 5 Octobre, après que la princesse de Condé, accompagnée de son fils, des ducs de Bouillon et de la Rochefoucault, eut quitté cette place.

La Cour séjourna à Bordeaux jusqu'au 15 Octobre et la situation s'aggravant dans la Provence, Mazarin proposa d'y conduire aussi le jeune Roi, mais la Cour revint à Paris par Blaye, Saintes, Poitiers, Tours, Amboise et rentra dans la capitale le 8 Novembre 1650.

Quelques jours après, un gentilhomme du roi et un lieutenant des gardes du nom de la Tivolière furent envoyés à Marcoussis, avec mission de remettre l'ordre à de Bar de transférer immédiatement les trois princes au Hâvre et de surveiller l'exécution de cette mesure au nom de la Reine Régente.

Le duc d'Orléans, regrettant un peu tardivement

d'avoir cédé aux sollicitations d'Anne d'Autriche, essaya de faire révoquer les ordres donnés pour la translation des prisonniers, mais Mazarin, qui avait tout prévu, avait recommandé à Letellier de faire exécuter ces ordres sur le champ.

Le comte d'Harcourt était lui-même chargé de commander l'escorte des prisonniers, composée de huit cents cavaliers et de quatre cents fantassins, et de repousser toutes les attaques qui pourraient survenir dans le but de délivrer les Princes.

On savait à la Cour que le marquis de Chamboy parcourait la Normandie, pour engager les partisans de Longueville et de Condé à se joindre à lui pour délivrer les trois prisonniers et ces derniers comptaient bien aussi être secourus par leurs amis, une lettre de Lionne, qui reproduit le récit de la Tivolière à ce sujet, le démontre clairement :

« Ils espéroient et M. de Longueville plus que
« tous les autres, qu'en passant dans la Norman-
« die, toutes les communes sonneroient le tocsin
« et s'assembleroient pour les délivrer, mais comme
« on a été à une journée près du Havre, ils sont
« tous tombés dans une mélancolie extrême et M.
« le Prince nommément dans un tel emportement
« qu'il a voulu jeter un chandelier à la tête de
« M. de Bar, s'il n'en eût été empêché par Tivo-
« lière. Il est vrai que par bonheur, M. de Bar n'a
« point vu son action. M. le Prince disait, dans le
« carrosse, à Tivolière, que Bar était lui seul la

« cause de tout son malheur, parce qu'il n'y aurait
« eu personne en France que lui à qui Madame
« d'Aiguillon eût voulu confier la citadelle du
« Havre. »

Le bruit avait aussi été répandu que Sainte-
Maure, qui commandait au Havre au nom de
Madame d'Aiguillon, ne voudrait pas remettre la
place à de Bar, mais les précautions de Mazarin
étaient bien prises et Sainte-Maure obéit docile-
ment aux ordres de la Cour.

Le voyage entre Marcoussis et le Havre avait
duré dix jours, du 15 au 25 Novembre.

CHAPITRE XV

Nouveau complot — Les Princes et leur cor-
respondance — Requête du Parlement —
Mazarin feint un voyage à l'étranger — Colère
du Peuple — Arrêts du Parlement — Mazarin
délivre lui-même les trois Princes — Opinion
de divers auteurs.

A Paris, les Frondeurs se vengèrent du comte
d'Harcourt en le traitant dans leurs chansons de
recors de Mazarin et on répandit en tous lieux des
caricatures, le représentant déguisé en prévot et
surveillant la translation des Princes.

Un nouveau complot, tramé contre le comte
d'Harcourt et ourdi pour délivrer les Princes, eut
le même sort que le premier ; le gouverneur n'était
pas aimé en Normandie, il remplaçait le duc de
Longueville et était arrivé en ennemi ; c'en était
assez pour indisposer les Normands contre lui, ses
soldats avaient rançonné les villes et le Parlement
lui-même désirait son rappel.

Le duc d'Orléans se tourna aussi contre Mazarin
et le Parlement de Paris, les Frondeurs, la Noblesse, s'entendirent tous pour obtenir de la Reine
Régente la délivrance des Princes.

Ces derniers entretenaient, malgré la surveillance

de de Bar, des relations avec leurs amis ; dans les pièces d'argent qui leur étaient envoyées pour leur permettre de se procurer quelques douceurs, on glissait des écus creux, habilement fabriqués, qui contenaient la correspondance des Frondeurs ; Condé put même se procurer des poignards et une épée, espérant en avoir besoin à toute occasion.

Lenet nous apprend « que Conti, pour passer le « temps, s'était mis en tête d'apprendre le métier « de sorcier et d'évoquer le diable, ce dont l'incré- « dule Condé s'amusa beaucoup ».

Les membres du Parlement de Paris, d'accord en cela avec le premier président, Mathieu Molé, qui désirait la délivrance des Princes, présentèrent une requête en leur faveur à la Cour, Mathieu Molé disait avec la plus entière bonne foi : « Voilà servir les Princes dans les formes et en gens de bien et non pas en factieux », car Gondi ne laissait pas deviner au Parlement l'entente de l'ancienne et de la nouvelle Fronde, dans la crainte de voir échouer ses projets.

Duplessis, dans ses *Mémoires*, dit « que ce fut « insensiblement que se développèrent les ressorts « de la faction et la résolution d'employer, s'il le « fallait, la violence pour arracher à la reine son « consentement à l'élargissement des prisonniers « et à l'éloignement du Ministre. »

Gondi, pour enlever au Parlement ses derniers scrupules, dit enfin que la victoire de Réthel ayant mis la France à l'abri de toute appréhension de la part de l'étranger, il concluait à ce qu'il fut fait des remontrances à la régente sur les désordres de l'État « la conservation des membres de la famille « royale étant la principale ressource du royaume » ajoutait-il, « il faut supplier le roi de faire sortir « les Princes du Havre, où l'air est infect et mal- « sain, et de les mettre, en attendant leur liberté, « dans quelque endroit où leur santé ne coure « point de risque ».

Mathieu Molé trouva que « l'avis était officieux et favorable aux Princes », et le Parlement rendit un arrêt par lequel il ordonnait que « très hum- « bles remontrances seroient faites à la reine pour « obtenir d'elle la réconciliation des membres de « la famille royale et la liberté des Princes, et « qu'un président et deux conseillers suppliroient « le duc d'Orléans de s'entremettre dans cette « affaire. »

En face de l'union de tous les partis, la Reine et son ministre étaient seuls pour tenir tête à l'orage ; Mazarin pensa que son éloignement mo- mentané calmerait les esprits et diminuerait, s'il ne pouvait les éteindre, les passions déchaînées contre lui.

C'est pour cela que, le soir du 6 février 1651, le Cardinal, vêtu d'une casaque rouge, coiffé d'un chapeau à plumes et accompagné seulement d'une faible escorte, quitta Paris, laissant supposer à ses ennemis qu'il abandonnait la lutte pour se réfugier hors du royaume ; la Reine devait le rejoindre secrètement à Saint-Germain avec son fils.

Mazarin se rendait au Hâvre pour resserrer la captivité des Princes, mais l'entente d'Anne d'Autriche et du Ministre transpira et le peuple de Paris, s'armant avec colère, cerna le Palais-Royal pour empêcher la Régente et le jeune Roi de quitter encore une fois la capitale; Anne d'Autriche fut même obligée de montrer aux plus audacieux Louis XIV endormi, pour calmer les esprits surexcités par cette nouvelle.

Le 9 février 1651, le Parlement de Paris rendit des arrêts enjoignant au Cardinal de quitter le royaume avec défense d'y reparaître jamais.

Mazarin, las d'attendre la reine qui n'avait pu le suivre à son départ de Paris, se rendit le 10 au Pont-de-l'Arche, passa à Cailly les 11 et 12 février, et reçut enfin à Lillebonne le 13, la visite de Navailles, qui lui apportait la nouvelle des graves évènements de Paris et de l'attitude des Frondeurs envers la Reine Régente, à laquelle ils avaient arraché l'ordre, le 10 février, de délivrer les prisonniers.

La Rochefoucauld, Viole et plusieurs autres partisans des Princes furent chargés d'accompagner le secrétaire d'État la Vrillière qui avait reçu la mission de partir pour le Havre pour mettre les Princes en liberté.

Mazarin n'avait plus qu'un parti à prendre,

c'était celui de devancer les envoyés d'Anne d'Autriche et d'aller au Havre en toute hâte pour délivrer lui-même les Princes ; ce fut à ce parti extrême qu'il s'arrêta, car il caressait, par cela même, le secret espoir de se réconcilier avec eux.

Le matin du 13 février, le Cardinal arriva au Havre, où de Lionne l'avait précédé ; il se fit mettre au courant par ce dernier, de la situation des esprits dans cette ville et ayant laissé son escorte aux portes de la Cité, il y entra accompagné seulement par quelques-uns de ses cavaliers.

L'artillerie des forts et celle des vaisseaux lui rendit les honneurs dûs au ministre du Roi.

Le secrétaire du duc de Longueville, Priolo, a fourni des renseignements très curieux sur les différentes phases de ce voyage, renseignements qui sont confirmés par une lettre que Mazarin écrivit le 27 février à Bartet de Péronne.

On comprend l'étonnement des Princes lorsqu'ils virent entrer dans leur prison, à la place des amis qu'ils attendaient, le Cardinal lui-même qui leur apportait leur délivrance.

Mazarin, tout botté et couvert de son manteau de voyage, ne s'était fait accompagner dans la tour dite de François Ier, que par le commandant de son escorte et par Priolo ; lorsqu'il fut parvenu dans la chambre occupée par les trois Princes, il les salua et ordonna à de Bar de lire la lettre de la Régente qui lui enjoignait d'obéir au Cardinal pour tout ce qui concernait la liberté des Princes.

Puis il annonça à Condé qu'il lui rendait la liberté
« et lui demanda son affection pour le Roi, pour
« la Reine et pour lui-même. Le Prince répondit
« en peu de mots, remerciant la Reine, protestant
« de son dévouement pour elle et pour le service
« du Roi ainsi que de son attachement pour le
« Cardinal. »

Les Princes se mirent à table à dix heures du
matin avec Mazarin et le repas fut cordial, en
apparence du moins, car les propos échangés
étaient démentis par le ton sur lequel ils étaient
prononcés, pourtant chaque convive fit bonne
contenance et à la fin du repas, Longueville et
Conti s'empressèrent de quitter la citadelle et de
prendre place dans le carrosse du maréchal de
Grammont.

Mazarin resta encore quelques instants dans la
chambre des prisonniers, en conférence avec Condé
pour se justifier à son égard et lui expliquer que
le principal auteur de son arrestation avait été le
duc d'Orléans à l'instigation du Cardinal de Retz;
il fit tous ses efforts pour engager Condé à servir
fidèlement le Roi et la Reine-Régente et à se séparer des Frondeurs; le Cardinal après avoir insisté
sur le service qu'il venait de lui rendre en le déli-
vrant, accompagna Condé jusqu'au carrosse dans
lequel Longueville et Conti l'attendaient et salua
les Princes avec déférence ; on dit que Condé en
donnant l'ordre de départ, laissa échapper un

bruyant éclat de rire, en criant au conducteur pour tout adieu à Mazarin : « Touche, cocher ! »

L'entrevue du Havre a été racontée diversement par plusieurs auteurs.

Joly, en parlant du Cardinal, s'exprime ainsi : « il s'humilia jusqu'à arroser les genoux de M. le « Prince, les larmes aux yeux et lui demander sa « protection. »

Madame de Molleville dit que « ne pouvant faire une action de ministre, il en fit une de courrier. »

La Rochefoucauld, qui doit avoir été mieux ins- truit, raconte « qu'il voulut justifier sa conduite « envers eux, en leur disant le sujet qu'il avait eu « de les faire arrêter ; qu'ensuite, il leur demanda « leur amitié et leur dit néanmoins avec fermeté « qu'ils étaient libres de la lui accorder ou de la « refuser, et que quoi qu'ils fissent sur cela, ils « pouvaient, dès ce moment, sortir du Havre et « aller où il leur plairait ; apparemment ils lui « promirent ce qu'il voulut, il dîna avec eux et « partit pour Sedan. »

Mademoiselle de Montpensier dit : « M. le Prince « me raconta qu'en dînant ensemble, M. le Cardi- « nal Mazarin n'était pas si en humeur de rire que « lui et qu'il était fort embarrassé. La liberté de « sortir avait plus de charme pour M. le Prince « que la compagnie de M. le Cardinal. Il dit qu'il « sentit une merveilleuse joie de se voir hors du « Havre, l'épée au côté ; il peut aimer à la porter,

« il s'en sert assez bien. Lorsqu'il sortit, il se re-
« tourna vers M. le Cardinal et dit : Adieu, Monsieur
« le Cardinal Mazarin, qui lui baisa la botte. »

Bossuet, dans l'oraison funèbre de M. le Prince,
cite ce mot de Condé : « Je suis entré en prison le
« plus innocent des hommes ; j'en suis sorti le
« plus criminel. »

Les Princes quittèrent le Hâvre, salués par l'artillerie des forts : partout où ils passèrent, des acclamations retentirent et on alluma des feux de
joie ; il y en eût un surtout qui amusa beaucoup
les Princes, et qui était formé par une figure de
paille, affublée d'une jupe rouge représentant le
Cardinal ; ils s'arrêtèrent d'abord au château de
Grosmesnil, près de Saint-Romain-de-Colbosc,
chez le sieur d'Haudelot, où ils trouvèrent La
Rochefoucauld, le président Viole, le ministre de
Lionne et Philypeaux, qui apportaient l'ordre
signé par la Reine-Régente.

De Lionne les quitta bientôt pour aller informer
Anne d'Autriche des évènements qui venaient de
se passer au Hâvre : c'est à Grosmesnil que les
divers personnages cités plus haut firent un joyeux
souper où les Princes fêtèrent leur délivrance.

Mazarin en quittant les princes, espérait que
Condé se déclarerait en sa faveur à son arrivée à
Paris ; il écrivit du Hâvre à de Lionne, le 15 Février :

« Je vous prie de vous attacher à M. le Prince
« le plus que vous pourrez. Je ne doute point qu'on
« ne veuille trouver à redire que je l'aie fait sortir

« sans attendre les ordres du roi ; mais outre que
« j'avais pour cela une lettre de la reine, j'ai cru
« que l'intérêt du service de sa Majesté et le mien
« particulier voulaient que j'en usasse ainsi,
« puisque, quelques conditions qu'on eût exigées
« d'eux, ne pouvant pas les exécuter avant leur
« sortie, il a été beaucoup mieux de se fier à la
« parole qu'ils ont donnée de se soumettre à ce
« que la reine voudrait et de travailler sincèrement
« pour mon retour, que chicaner avec eux, et leur
« faire acheter leur liberté par des promesses for-
« cées, car, par ce moyen et étant plus obligés à
« la reine, ils en conserveront plus de gratitude
« et devant être satisfaits de la façon dont j'en ai
« usé, ils s'emploieront plus volontiers pour ce qui
« me regarde et me tiendront plus sûrement la
« parole qu'ils m'en ont donnée. »

Dans une lettre à Le Tellier, en date du même
jour, Mazarin insistait sur les promesses formelles
que lui avaient faites les princes : « Je ne les fis pas
« mettre en liberté sous caution » écrivait-il « puis-
« qu'ils promirent tous trois solennellement de
« s'attacher préférablement et irréparablement
« à la reine, et de se conformer entièrement à sa
« volonté en tout ce qu'il lui plairait de leur
« ordonner... Ils me promirent aussi par diverses
« fois une amitié tout entière et cela, après leur
« avoir déclaré que, quand ils ne voudraient pas
« être de mes amis, ils ne laisseraient pas pour cela
« de sortir de prison à l'instant. »

Le 14 Février, les trois princes entrèrent triom-
phalement dans la ville de Rouen et une députation du Parlement, composée de quatorze magistrats, vint les saluer à leur arrivée dans la cité ;
les princes étaient accompagnés par de nombreux
gentilshommes et par des soldats qui leur firent
un imposant cortège.

CHAPITRE XVI

Arrêt du Parlement de Normandie contre Mazarin. — Fuite du Cardinal — Le duc de Longueville est rétabli dans son gouvernement et reste fidèle au roi — Ses partisans sont rétablis dans leurs fonctions

Le 15 Février, le Parlement de Normandie, à l'instigation des princes et sur une requête formée par Mlle de Longueville (plus tard duchesse de Nemours), rendait un arrêt enjoignant à Mazarin de quitter la province; « il est notoire » disait l'arrêt, « que contre la volonté du roy et de la reine-« régente, sa mère, rapportée par l'arrêt du Parle-« ment de Paris, du 9 de ce mois, le Cardinal « Mazarin est dans cette province, qu'il séjourne « dans les places par où il passe, lève des garni-« sons et les change : que, mesme, il s'est retiré « dans le Hàvre-de-Grâce, cela au préjudice de « l'authorité royale, tranquillité de la province et « repos public. »

En outre « le cardinal, ses parents et domesti-« ques étrangers devoient sortir dans une huictaine « de la province, à faute de quoy, ce temps passé, « il seroit procédé extraordinairement contre eux,

« permis aux communes et à tous autres de leur
« courre sus ».

Il était aussi « faict défense à tous gouverneurs
« de places, maires et échevins, de les recevoir. »

Mazarin était en effet resté au Hâvre après le
départ des princes, attendant les évènements, mais
voyant que la chance l'abandonnait, il alla
d'abord à Dieppe, où le gouverneur Duplessis-
Bellière le reçut comme au temps de sa puissance,
puis il se rendit ensuite à Abbeville, à Doullens, à
Péronne, à la Fère, dans les premiers jours de
Mars ; le 4 du même mois, il passa à Réthel, de là
à Bar-le-Duc, à Clermont-en-Argonne; le 7 Mars,
il lui parvint une lettre d'Anne d'Autriche qui le
suppliait de quitter la France pour un certain
temps, et il passa enfin la frontière, pour s'installer à Bruhl, à trois lieues de Cologne.

Même après la sortie de France du cardinal
Mazarin, le Parlement de Paris rendit des arrêts
contre lui et les envoya à celui de Normandie.

Les nobles de la province se réjouirent fort de
l'arrêt rendu à Rouen le 15 février contre le cardinal et après de nombreuses réunions, ces gentilshommes qui se faisaient l'écho bruyant de l'opinion du peuple, réussirent tout simplement à faire
rendre contre eux un nouvel arrêt du Parlement
qui interdit leurs assemblées.

L'opinion générale en Normandie réclamait le
renvoi du comte d'Harcourt, gouverneur de la

province et le rétablissement du duc de Longueville dans son gouvernement.

Une députation partie de Rouen dès le lendemain du passage des princes, s'était rendue à
Paris, portant au roy, à la régente, à Gaston
d'Orléans, les remerciements du Parlement, à
l'occasion de leur mise en liberté.

Le roi, le 25, signa des lettres patentes par lesquels les trois princes étaient déclarés innocents,
comme pareille faveur était demandée pour Mme
de Longueville, Louis XIV se contenta d'envoyer
des lettres de grâce et « d'esteindre la mémoire de
« tout ce qui avoit esté faict et entrepris par la
« duchesse et le maréchal de Turenne depuis le
« mois de Janvier 1650. »

Le poète Sarrazin dédia à ce sujet les vers sui-
vants à la jolie duchesse :

« Aujourd'hui le Parlement
« Vous absout d'être rebelle,
« Recevez le compliment
« Que je vous en fais, la belle.
« Vous n'êtes plus criminelle
« Si ce n'est de lèse amour
« Mais, ma foy, vous êtes telle
« Que vous le serez toujours ! »

Les députés normands envoyés à Paris avaient
réclamé avec insistance le rétablissement du duc
de Longueville dans son gouvernement et comme
les lettres patentes rendaient aux trois princes
leurs honneurs, charges, dignités, il vint bientôt

en Normandie des lettres patentes spéciales pour
le duc de Longueville qui le rétablirent en sa
charge de gouverneur, remettant « toutes choses
« en l'estat qu'elles avoient esté avant sa déten-
« tion. »

Lorsque le duc revint à Rouen, il vit bien au
langage des membres du Parlement, la résolution
prise par ces derniers de ne plus se laisser entraî-
ner dans des aventures incertaines et de vivre
désormais dans la paix et le devoir.

Les partisans du duc de Longueville, qui avaient
été frappés en Février 1650, furent rétablis dans
les fonctions qu'ils occupaient à cette époque ; au
conseiller de Montenay fut rendue sa charge de
capitaine ; Corneille laissa sans regret à Baudry
sa place de procureur-syndic des Etats provin-
ciaux, le marquis de Beuvron revint au vieux
Palais.

Le duc de Longueville se rendit à Dieppe, le
21 Juin 1651 ; *Desmarquets*, dans ses mémoires
chronologiques, raconte que « les bourgeois se
« mirent sous les armes et tâchèrent, par les hon-
« neurs qu'ils lui rendirent, de lui faire oublier la
« disgrâce que Mme de Longueville avait eue dans
« leur ville ; et comme à son arrivée M. Duplessis-
« Bellière s'était retiré du château, il y laissa le
« sieur de Dampierre, pour y commander, en
« attendant le sieur de Montigny, qui y arriva peu
« de jours après. »

En Normandie, toutes choses étaient donc « res-

tablies en l'ancien estat », mais comme la province
« était d'une grande importance pour les fron-
« deurs, le duc de Longueville fut vite l'objet des
« sollicitations de tous les mécontents ; c'est ainsi
« qu'il lui vint des agents de toutes parts, de
« Condé, de Beaufort, du duc d'Orléans, de Gondi ».

Longueville s'étant rendu au château de Trie,
près de Gisors où avait lieu la cérémonie du mariage du duc de Richelieu avec Madame de Pons,
dont l'union définitive allait être enfin consacrée,
Condé vint y rejoindre son beau-frère et fit tous
ses efforts pour décider celui-ci à seconder encore
une fois ses desseins, en lui faisant miroiter devant les yeux son alliance avec l'Angleterre et
l'Espagne ; Longueville, qui avait d'abord essayé
de combattre les raisons de Condé, se laissa influencer par lui et lui promit son concours, pourtant il s'indigna lorsqu'il apprit, lui, descendant
de Dunois, que c'étaient les Anglais qui fourni-
raient les soldats et lorsque Condé l'eut quitté, il
ne fit rien de ce qu'il avait promis.

Dans la décision dernière prise par le duc de
Longueville se révèle l'influence que la duchesse
de Nemours, sa fille, dévouée désormais au Roi,
avait su prendre sur lui ; cette princesse, qui craignait aussi pour son père, toujours faible et indé-
cis, l'influence de sa femme, manœuvra de telle
sorte que les deux époux décidèrent, d'un commun
accord, de vivre désormais séparés l'un de l'autre.

La duchesse de Nemours, restée seule avec son

père, avait réussi à lui ouvrir les yeux, en lui prouvant que ses deux beaux-frères le considéraient comme un instrument dont ils se servaient pour accomplir leurs projets de révolte.

C'est ainsi que, tant que durèrent les troubles à Paris et en d'autres provinces, le duc de Longueville « à jamais détaché de la révolte » et uni avec le Parlement de Normandie, évita à notre province de nouvelles guerres et de nouveaux malheurs.

Condé avait espéré que de la Normandie, il pourrait tirer encore avec la complicité du duc de Longueville, des soldats et de l'argent ; dans son traité avec l'Espagne, en Octobre 1651, il était stipulé que « si le duc de Longueville se déclare en « Normandie, il luy sera envoyé des forces de terre « et de mer proportionnées à ses besoins. »

Condé fut donc déçu dans les espérances qu'il fondait vis à-vis de son beau-frère qui resta désormais fidèle au roi.

CHAPITRE XVII

Louis XIV déclare qu'il va gouverner lui-même — Retour de Mazarin — Le combat de la Porte Saint-Antoine — Le Cardinal quitte encore la France — La Normandie veut vivre en paix — Les Palinods de Caen et de Rouen — Quelques citations.

Pourtant la volonté bien arrêtée chez le duc de Longueville et les membres du Parlement de Normandie de rester fidèles à Louis XIV, ne les empêcha pas de fulminer contre Mazarin; le Parlement de Paris avait rendu des arrêts pour faire défense aux gouverneurs des provinces de donner passage ni retraite au Cardinal; le Parlement de Normandie suivit cet exemple.

Le 7 Septembre, Louis XIV, qui était dans sa quatorzième année, tint un lit de justice où il annonça « à ses peuples que, suivant les lois de son Etat, il en voulait prendre lui-même le gouvernement. »

Mazarin, de son côté, n'avait pas cessé de diriger de l'étranger la politique d'Anne d'Autriche et entretenait avec la reine une correspondance active.

Condé s'était dispensé, seul de tout les princes, d'assister à la cérémonie royale du 7 Septembre et

la duchesse de Longueville avait réussi à l'entraî-
ner encore une fois dans la révolte ; le duc de
Bouillon et Turenne refusèrent de les suivre dans
cette voie ; la Saintonge et le Périgord se déclarèrent alors pour Condé, et le duc d'Harcourt
s'empara de Bordeaux pendant que la Cour, ayant
quitté Paris, s'avançait jusqu'à Poitiers pour main-
tenir le centre de la France dans l'obéissance.

Mazarin, qui avait fait des levées d'hommes en
Allemagne et formé des alliances, fut rappelé par
Anne d'Autriche le 17 Novembre, et le 24 Décembre
le Cardinal franchit à nouveau la frontière pour
rentrer en France ; les arrêts des Parlements ne
l'intimidèrent plus et, le 28 Janvier 1652, il rejoignit le roi à Poitiers ; la Cour reprit alors le chemin de la capitale.

C'est le 2 Juillet 1652, que Condé et Turenne se
trouvèrent en présence et qu'eut lieu à Paris le
fameux combat de la porte Saint-Antoine, au
cours duquel Mademoiselle de Montpensier, vicomtesse d'Auge, fit tirer le canon de la Bastille
sur les troupes royales et prit le commandement
de la ville de Paris.

Le 19 Juillet, le duc d'Orléans fut nommé lieutenant général du royaume et le prince de Condé
commandant de toutes les armées de France ; pendant ce temps-là, l'armée espagnole envahissait le
pays.

La Cour voulait fuir en Normandie, mais Turenne réussit à décider la Reine à s'établir à

Pontoise et Mazarin, malgré les instances d'Anne d'Autriche, quitta pour la seconde fois la France, le 19 Août, dans l'espoir de rendre la tranquillité au royaume, que sa présence troublait encore aux yeux des princes révoltés.

En Normandie le mécontentement fut très vif lorsqu'on apprit que la Cour avait l'intention de s'y établir ; le duc de Longueville, le Parlement et la ville de Rouen ainsi que la grande majorité des habitants étaient restés fidèles au roi, mais personne ne voulait plus de guerre dans la province, où chacun désirait désormais la paix et la tranquillité.

Les Parlements de Paris, de Bordeaux et de Toulouse avaient lancé des arrêts de mort contre Mazarin et le Parlement avait refusé de se joindre à eux, mais Longueville, en apprenant les intentions de la Cour, commença des armements sous le prétexte d'interdire l'entrée de la province au Cardinal.

C'est alors que la reine s'aperçut à son grand désappointement que la fidélité de la Normandie était toute « conditionnelle », dit Henri Martin, dans son *Histoire de France* ; du moment qu'il s'agissait de léser ses intérêts, elle mettait une condition à cette fidélité et cette condition, c'était de laisser ses habitants vivre en paix.

Le Parlement prit aussi à cette époque des arrêts contre les agents du duc de Beaufort, qui faisaient en Normandie des levées d'hommes et d'argent, au nom des princes frondeurs.

Les porteurs d'ordonnances s'étaient présentés dans les élections de Verneuil, de Conches, de Bernay, de Breteuil ; les recettes d'Argentan, de Caen, avaient été pillées et le Parlement de Normandie, qui avait cessé toutes relations avec celui de Paris, décida de prendre les mesures les plus rigoureuses et fit arrêter tous les gens suspects.

Il fut décidé « de ne recevoir dans la province « d'autres ordres que ceux du Roi, et le Parlement « enregistra et publia les lettres patentes déclarant « rebelles et criminels de lèse-majesté, Condé et « ses consorts. »

Il y eut bien quelques écrits lancés pour jeter le doute sur la sincérité des sentiments du duc de Longueville, mais en dehors de son ressentiment contre le Cardinal Mazarin, il ne prit plus part aux entreprises des Frondeurs.

.*.

Le duc de Longueville encouragea les lettres en Normandie ; les *Palinods* de Caen et de Rouen célébrèrent la prospérité de la province ; en 1652, à Caen, le duc fut nommé *prince des Palinods* et invité par les poètes à donner le sujet qu'ils devaient traiter, Longueville proposa celui-ci : *La Normandie préservée de la guerre.*

A Caen et à Rouen, les poètes normands, Antoine Halley et David Ferrand, chantèrent les louanges

du duc de Longueville pour le bien qu'il fit à la
Normandie et célébrèrent les vertus de celui « dont
« la modération, dont la sagesse, dont le cœur de
« père, ont pu, seuls, lui procurer ce bonheur à
« part. »

(Traduction des vers latins d'Antoine Halley).

Le poète Ferrand adressa au duc l'envoi suivant :

> Qui peut grand Prince, avec tieu avantage
> Que tay à qui j'offre me z'écritiaux ?
> Car les enfants qui sont dans leu berciaux
> T'en chanteront des cantiques nouviaux
> Je n'en pourroy estre leur interprète,
> Quittant le vin, la bière, je souhaite,
> Mais si Dieu veut, jusqu'à l'ennieullement
> May et mes vers vanteront ton Altesse
> Ch'est pour aver maintenant prudemment
> Rouen en jouais et Paris en tristesse.

Dans un ouvrage de David Ferrand, intitulé
Inventaire général de la Muse Normande, paru en
1655 à Rouen, chez l'auteur, qui était imprimeur
rue du Bec, on trouve en tête de ce livre (dont un
exemplaire du temps existe à la Bibliothèque de
Dieppe) une curieuse préface où le poète Ferrand
chante encore les louanges du duc de Longueville;
voici cette préface dans toute sa saveur :

« *A son Altesse de Longueville.*

« Monseigneur,

« J'advoue que ce m'est une grande témérité de
« me présenter devant vous, et vous offrir ces vers

« crotesques de ma muse normande, d'autant qu'un
« esprit comme le vostre ne demande rien que de
« sublime et relevé ; mais considérant d'autre part
« que l'arc toujours bandé perd beaucoup de ses
« premières forces, j'ay creu que donnant relasche
« à vostre esprit occupé aux affaires importantes
« de l'Estat, vous ne dédaigneriez pas, comme par
« passe-teps (temps), de jecter vos yeux benevolles
« sur le corrompu langage de celle qui ne sçauroit
« exprimer les bien-faits qu'elle a reçus de vous,
« luy ayant procuré une douce paix au milieu des
« efforts de la guerre de ses plus proches voisins,
« joinct qu'estant pour la seconde fois qu'il a pleu
« à vostre grandeur d'accepter la charge de direc-
« teur de la confrairie du Sacré Concept de la
« Reyne des Anges, ou dès la première, je reçus
« cet honneur de vous en présenter quelque petite
« partie, l'ayant toujours continuée depuis qua-
« rante ans sur les occurences du temps, je me
« suis persuadé que vous ne luy feriez pas moins
« d'accueil et bénévolence de vous la présenter
« toute entière en la douceur avec laquelle vous
« traictez tous ceux qui ont l'honneur de vous
« aborder ; C'est ce qu'espère de vous (Monsei-
« gneur) celuy qui prend la hardiesse de se dire à
« jamais,

Votre très humble et très obéyssant serviteur,

D. FERRAND.

Cette dédicace précède quelques vers adressés
aussi au duc, dans lesquels David Ferrand célè-
bre à nouveau la gloire du gouverneur de la Normandie :

A son Altesse

Grand duc comme c'est la coustume
Qu'après l'Epistre d'un volume
L'on doit estendre par des vers
La gloire à qui on la dédie
Pour chanter malgré l'envie
Aux quatre parts de l'univers,

C'est ce que je n'ay voulu faire
Puis qu'il ne m'estoit nécessaire
De prendre un si commun sentier,
Car, mon *Prince,* vous pouvez croire
Que cet ouvrage en son entier
Chante, en cent endroits, vostre gloire.

Comme on le voit par les écrits dithirambiques
qui précèdent, le duc de Longueville avait défini-
tivement conquis le cœur des Normands et il ne
tenta plus rien désormais contre l'autorité royale.

CHAPITRE XVIII

Retour définitif de Mazarin — Ce que devinrent les grands personnages de la Fronde — Louis XIV et le Pouvoir absolu — Considérations politiques.

Le Cardinal Mazarin rentra en France au début de l'année 1653, plus puissant que jamais, après avoir passé deux années en exil ; dans les lettres choisies de Gui Patin, cet auteur reconnait la puissance du premier ministre. « L'éminentissime, « écrit-il, est vraiment tel et aussi puissant que « Dieu le Père au commencement du monde, « *Omnia quæcumque voluit fecit !* (il a fait tout ce « qu'il a voulu). »

Les Frondeurs pouvaient craindre sa vengeance, mais le Cardinal se montra plus clément que ne l'avait été Richelieu, son prédécesseur, et les Princes révoltés obtinrent leur pardon.

La duchesse de Longueville, dont le mari, pendant les derniers troubles, était resté fidèle à ses engagements, avait été abandonnée par La Rochefoucauld ; elle renonça alors à la politique, aux plaisirs du monde et à l'amour ; blessée dans son orgueil et dans ses affections, elle resta d'abord éloignée de la Cour et après la mort de son fils, en 1672, elle se réfugia dans un couvent à Moulins; elle mourut à Paris en 1679.

Le Prince de Conti, qui était le filleul de Richelieu, fut bientôt fiancé à l'une des nièces de Mazarin, Mlle Martinozzi, qu'il épousa l'année suivante, il reçut le gouvernement de la Guyenne.

Le duc d'Orléans se retira au château de Blois, où il mourut en 1660.

Condé seul, aigri par les insuccès de la Fronde et égaré par son orgueil, s'était enfui en Hollande et avait pris du service dans l'armée espagnole ; ce ne fut que lors du traité des Pyrénées qu'il fut rétabli dans ses dignités et honneurs. Louis XIV le traita par la suite avec froideur, il mourut en 1686, à Fontainebleau.

∴

La Fronde était vaincue et Mazarin oublia aussi bien les violentes attaques des courtisans que les satires des poètes.

Dans ses mémoires, Mme de Motteville reconnait sa magnanimité :

« Le Cardinal Mazarin, dit-elle, fit connaître
« que la douceur qu'il avait jusques alors exercée
« à l'égard de ses ennemis, pouvait avoir souvent
« sa source dans sa bonté naturelle, puis qu'il était
« dans une si entière puissance, qu'il était impos-
« sible de le soupçonner que ce sentiment put être

« en lui par aucune faiblesse, ni par aucune
« crainte. »

Mazarin s'appuya surtout sur la bourgeoisie, qui
avait assuré la victoire de la Cour sur les Frondeurs, et c'est dans cette classe qu'il choisit ses
collaborateurs intimes, suivant en cela l'exemple
du Cardinal de Richelieu.

Le retour de Mazarin fut célébré par de grandes fêtes dans la capitale et un banquet lui fut
offert à l'Hôtel-de-Ville, le 29 Mars 1653.

Les Français, qui allaient courber la tête pendant de longues années sous l'autorité absolue de
Louis XIV, avaient saisi avec trop d'empressement
l'occasion qui s'offrait à eux de baser le gouvernement de la France sur des lois ; les intrigues
des seigneurs ambitieux, les discussions stériles
des Parlements, leurs multiples arrêts, les pamphlets des poètes et la lutte des provinces contre
l'autorité royale, ne purent apporter la juste solution qui eut amené plus de liberté dans le pays,
plus de réserve de la part du monarque.

Louis XIV avait notifié aux Parlements qu'ils ne
pourraient prendre dorénavant aucune connais-
sance des affaires générales. « L'État c'est moi ! »
avait-il déclaré aux seigneurs vaincus et aux Parlements réduits à l'impuissance.

Que de malheurs eussent pu être épargnés à

notre chère France, à une époque plus rapprochée de notre histoire nationale, si les hommes de la Fronde, moins aveuglés par les passions qui agitaient le pays et profitant de la minorité du jeune roi, avaient pu doter la France d'un gouvernement constitutionnel.

La France, courbée sous l'absolutisme royal, s'endormit d'un long sommeil et ne se réveilla qu'à l'époque de la Révolution !

FIN

TABLE DES MATIÈRES

DIEPPE. — Imprimerie Dieppoise, 191, Grande-Rue.
Ed. DEQUEN, Directeur.

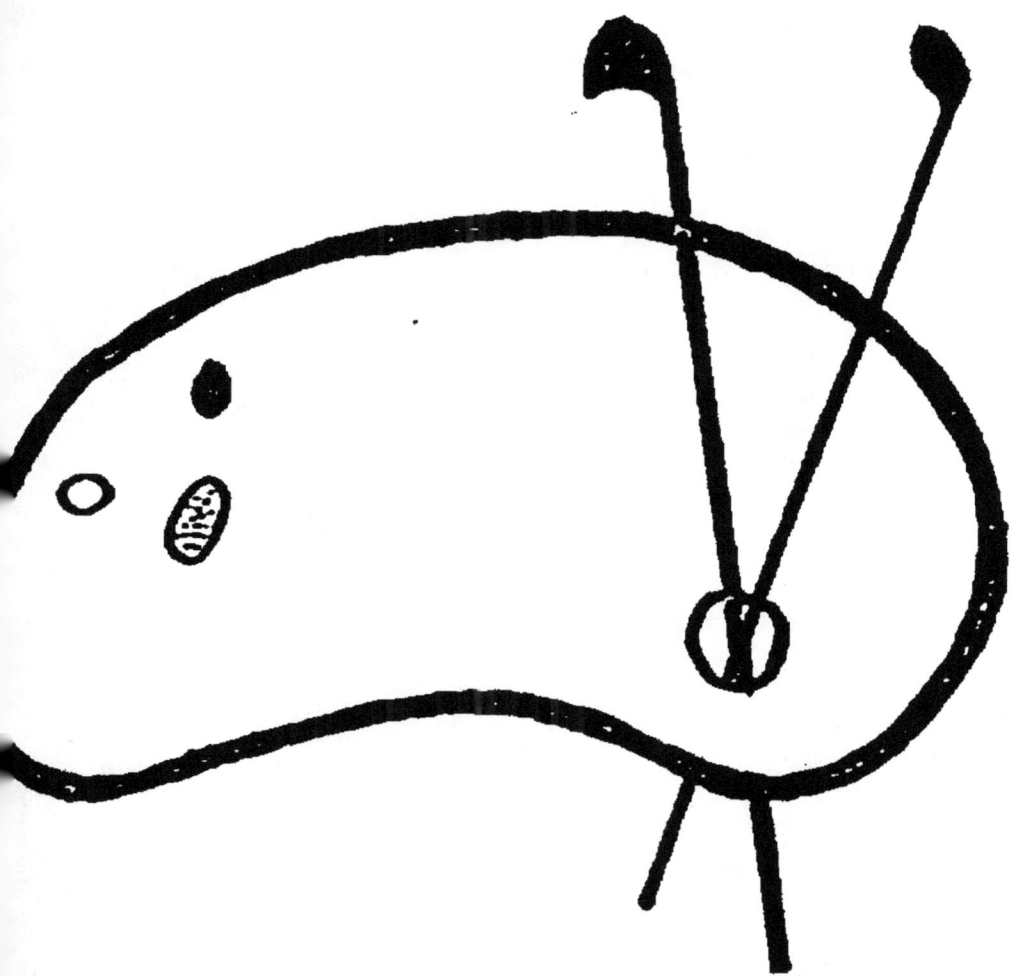

ORIGINAL EN COULEUR
NF Z 43-120-8

www.ingramcontent.com/pod-product-compliance
Lightning Source LLC
Chambersburg PA
CBHW072053080426
42733CB00010B/2104